웃기는 코딩이지 뭐야

웃기는 코딩이지 뭐야

지은이 이광연
펴낸이 조경희
펴낸곳 경문사
펴낸날 2019년 1월 2일 1판 1쇄
등 록 1979년 11월 9일 제313-1979-23호
주 소 04057, 서울특별시 마포구 와우산로 174
전 화 (02)332-2004 팩스 (02)336-5193
이메일 kyungmoon@kyungmoon.com
facebook facebook.com/kyungmoonsa

값 13,000원

ISBN 979-11-6073-175-0

★ 경문사 홈페이지에 오시면 즐거운 일이 생깁니다.
http://www.kyungmoon.com

웃기는 수학자 이광연 교수의

웃기는 코딩이지 뭐야

코딩에 대해 1도 모르는
보통사람을 위한
코딩 입문서

KM 경문사

머리말

지난 2016년 1월 20일에서 23일까지 4일 동안 스위스의 자그마한 휴양도시 다보스에서 어김없이 세계경제포럼이 열렸다. 매년 개최되는 이 포럼에서 각국 정상들을 비롯하여 글로벌 기업과 금융회사의 최고경영자들, 그리고 내로라하는 세계의 석학들, 즉 세계의 오피니언 리더들이 한 자리에 모여 한 해 동안 우리가 직면한 문제와 해결해야 될 화두를 놓고 토론한다. 다보스 포럼이 끝난 후, 포럼의 핵심적인 내용과 논의된 결과를 엮어 매년 3월경 경제신문사에서 단행본인 '다보스 리포트'를 발행한다. 그런데 우리가 특히 2016년 다보스 포럼에 관심을 집중하는 것은 2016년의 메인 주제가 바로 '4차 산업혁명'이었기 때문이다.

인류는 18세기 중반에 제1차 산업혁명을 시작으로 지금까지 모두 3차에 걸쳐 산업혁명을 경험했다. 그동안 경제는 물론 정치 사회 문화 예술 등을 아우르는 모든 분야에서 우리 생활과 사회에 엄청난 변화를 가져왔다. 그리고 마침내 다보스 포럼에서 2016년에 4차 산업혁명이 이미 시작되었음을 선포한 것이다. 클라우스 슈바프 다보스 포럼 회장은 4차 산업혁명의 핵심은 디지털, 바이오, 오프라인 등의 기술을 융합하여, 초연결, 인공지능, 사물인터넷, 인공장기 등 지금까지의 세상과는 전혀 새로운 미래를 여는 것이라고 하였다.

많은 석학들은 4차 산업혁명에 기초가 되는 것은 바로 컴퓨터와 수학이고, 특히 수학에 도전하는 것이 미래를 선도할 핵심 기술을 확보하는 것이라고 말한다. 특히 컴퓨터와 수학의 만남인 컴퓨팅 사고력의 계발과 확산은 4차 산업혁명 시대를 살아갈 미래세대에게 반드시 필요하다고 한다.

그래서 우리나라도 2019년부터 초등학교에서 코딩교육을 의무화한다. 그러자 코딩 학원이 세워지고 스크래치, 엔트리를 통해 게임부터 만드는 코딩 교육이 활성화되고 있다. 그런데 정작 그런 아이들을 바라보는 우리 어른들조차 정확하게 코딩이 무엇인지 또 컴퓨터로 무엇을 하는 것인지 속 시원하게 알지 못하고 있다.

이 책은 고등학교에서 문과였던 사람이라도 코딩을 쉽게 이해할 수 있도록 설계하였고, 코딩이 뭔지, 컴퓨터로 사고한다는 것이 뭔지 개념을 세울 수 있도록 하였다.

흔히들 컴퓨팅 사고력을 길러야 한다고 하는데 이는 수학적인 사고, 즉 논리적 사고를 기반으로 한다는 점을 알려주고자 한다. 우리가 실생활에서 해결해야 할 다양한 문제를 컴퓨터로 해결하려 할 때, 컴퓨터에게 어떤 방식으로 일을 시키는 것이 가장 효율적인지 아는 능력이라고 할 수 있다. 그리고 컴퓨팅 사고력의 기초가 바로 코딩이다. 간단히 요약하면 코딩은 우리가 컴퓨터처럼 생각하여 주어진 문제를 해결하는 방법과 과정을 설계하는 것이다.

현재 이용할 수 있는 코딩 프로그램은 여러 가지 있지만 이 책에서는 스크래치라는 프로그램을 이용하여 설명했다. 스크래치를 이해하면 엔트리와 같은 다른 코딩 프로그램도 기능이 거의 비슷하기 때문에 바로 이해할 수 있다. 독자들은 이 책을 처음부터 부담 없이 읽다 보면 어느 새 코딩의 기초를 이해하고 스크래치를 이용하여 컴퓨터 프로그램을 만들 수 있을 것이라 생각한다.

처음에 컴퓨터와 수학을 함께 소개해야 하는 부담감 때문에 원고의 정리가 쉽지 않았다. 하지만 편집팀의 많은 도움으로 일목요연하고 쉽고 웃기는 코딩 책을 엮을 수 있게 되었기에 특별히 이 책의 편집팀에게 큰 고마움을 표하고 싶다.

컴퓨터 앞에서

차례

컴퓨터처럼 생각한다는 것은

빠르게 변하는 세상

컴퓨터는 무엇으로 이루어 졌는가?

컴퓨터는 어떻게 생각할까?

★ 빠르게 변하는 세상

지금으로부터 불과 100년 전만 해도 많은 사람들은 직접 농사를 지어 먹을 것을 마련하고, 필요한 도구도 직접 손으로 만들어 사용했다. 그런데 1800년경 증기기관이 발명되면서 공장을 세우고 기계를 사용하여 물건을 대량으로 만들기 시작했다. 이와 같이 사람들의 생활방식이 농업과 수공업 위주에서 큰 공장에서 기계를 사용하여 필요한 물건을 대량으로 생산하는 제조업 위주로 변화하는 과정을 산업화 또는 산업혁명이라고 한다. 산업혁명이라는 용어는 프랑스 학자들이 가장 먼저 사용했지만 보편적으로 사용된 것은 영국의 경제 역사가인 아널드 토인비(Arnold Toynbee, 1852~83)가 1760~1840년대 영국의 경제 발전을 설명하는 과정에서였다.

우리 인류는 현재까지 이러한 산업혁명을 크게 세 번 경험하였다. 1760~1830년에 일어난 1차 산업혁명은 대체로 영국에 한정되었다. 남들보다 앞선 출발로 영국인들은 기계와 숙련노동자, 제조기술 등의 유출을 금했지만 영국의 독점은 영원히 지속될 수 없었다. 영국의 영향을 받은 벨기에와 프랑스를 비롯한 유럽의 주변국들도 산업화의 길을 걷기 시작했다. 19세기 말부터 20세기 초까지 이어진 2차 산업혁명은 이전까지 사용하지 않았던 석유와 같은 천연자원과 합성원료들을 활용하기 시작했다. 이에 더하여 기계와 연장 및 컴퓨터 등의 분야가 발전했으며 그에 따라 자동화 공장이 생겨났다. 그러나 석유와 같

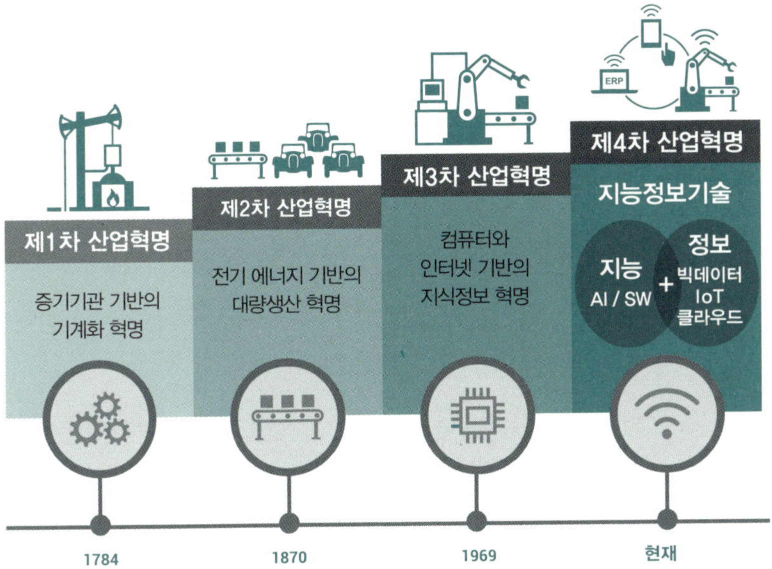

은 천연자원을 원료로 한 2차 산업혁명은 자원고갈과 환경오염을 초래했다. 그래서 새로운 형태의 산업혁명이 요구되었고, 마침내 3차 산업혁명을 가져왔다. 1960년대 이후에 시작되었다고 할 수 있는 3차 산업혁명은 인터넷 통신기술과 재생 에너지의 결합으로 시작되었으며 금융과 통신 같은 서비스 산업 위주로 발전하였다.

현재 우리는 3차 산업혁명의 마지막 시기이자 4차 산업혁명의 문 앞에 서 있다. 4차 산업혁명이라는 용어는 독일이 2010년 발표한 '첨단기술 전략 2020'의 10대 프로젝트 중 하나인 '인더스트리 4.0(Industry 4.0)'에서 '제조업과 정보통신의 융합'을 뜻하는 의미로 처음 사용됐다. 이후 4차 산업혁명은 전 세계적인 주요 화두로 등장하게 되었으며, 세계의 많은 미래학자와 연구기관에서 4차 산업혁명과 이에 따른 산업과 사회의 변화에 대해 논의하기 시작했다.

4차 산업혁명은 한마디로 “3차 산업혁명을 기반으로 한 디지털과 바이오산업, 물리학 등 여러 분야의 융합된 기술들이 경제체제와 사회구조를 급격히 변화시키는 기술혁명”이다. 즉, 3차 산업혁명을 기반으로 도래할 4차 산업혁명은 ‘초연결성(Hyper-Connected)’, ‘초지능화(Hyper-Intelligent)’의 특성을 가지고 있으며, 사물인터넷(IoT, Internet of Things), 클라우드(Cloud) 등 정보통신기술을 통해 인간과 인간, 사물과 사물, 인간과 사물이 상호 연결되고 빅데이터(Big-data)와 인공지능(AI, Artificial Intelligence) 등으로 현재 우리가 생활하고 있는 사회보다 지능화된 사회로 변화할 것으로 예측한다.

초연결성

센서와 컴퓨터, 휴대전화, 로봇 등 서로 다른 종류의 기기들이 통신을 통해 하나로 연결된 상태를 의미한다.

초지능화

크게 두 가지로 나눌 수 있는데, 하나는 인간의 사고와 기본적인 것은 같지만 인간보다 더 많은 정보를 체계화하고 보유할 수 있어 빠른 속도로 정보를 처리할 수 있다는 점에서 인간의 사고 능력과 차이가 있다. 또 하나는 전혀 새로운 여러 개념을 바탕으로 세상에 존재하는 새로운 것, 강력한 것 모두를 습득할 수 있는 지능을 말한다.

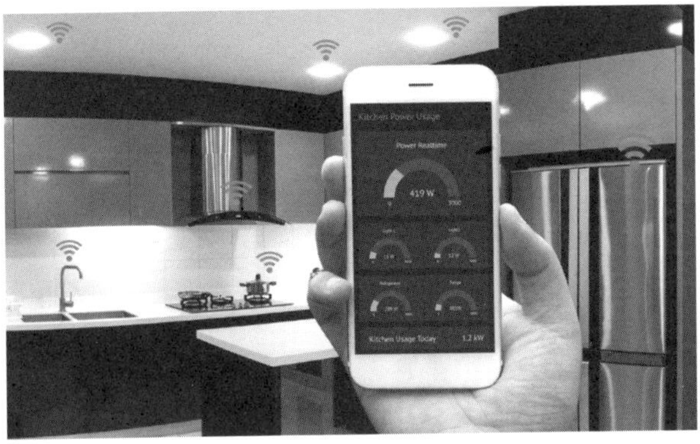

사물인터넷의 예. 외부에서 집안의 전자기기를 조정할 수 있다.

사물인터넷은 인터넷을 기반으로 모든 사물을 연결하여 사람과 사물, 사물과 사물 간의 정보를 상호 소통하는 지능형 기술 및 서비스를 말한다. 사물인터넷의 가장 대표적인 예는 자동차와 가정집에서 찾을 수 있다. 예전에는 차를 운전하려면 먼저 차 문의 열쇠구멍에 열쇠를 꽂아 문을 연 후, 다시 시동장치에 열쇠를 꽂아 돌려서 시동을 걸었다.

그런데 요즘 새로 나오는 자동차들은 열쇠를 가지고 접근하면 차 문의 잠금 장치가 자동으로 해제되고 열쇠를 꽂지 않아도 시동을 걸 수 있는 스마트키를 사용하고 있다. 시동도 집에서 스마트폰을 이용하여 미리 걸 수 있다. 또 전기·가스 또는 상하수도를 포함한 에너지를 효율적으로 관리하는 '스마트 그리드'를 적용하여 새롭게 단장한 집들이 지어지고 있다. 이와 같이 사물인터넷은 이미 일상에서 활용되고 있다.

빅데이터란 디지털 환경에서 생성되는 데이터로 그 규모가 방대하고, 생성 주기도 짧고, 형태도 수치 데이터뿐 아니라 문자와 영상 데이터를 포함하는 대규모 데이터를 말한다. 빅데이터 환경은 과거에 비해 데이터의 양이 폭증했다는 점과 함께 데이터의 종류도 다양해져 사람들의 행동은 물론 위치정보와 SNS를 통해 생각과 의견까지 분석하고 예측할 수 있다.

다음 그림은 국립중앙과학관에서 찾아볼 수 있는 자료로 1분 동안 생성되는 자료의 양을 나타낸 것이다. 이 그림으로부터 1분 동안 구글은 2억 건의 검색, 유튜브는 72시간의 동영상, 트위더는 28만 건의 트윗이 생성됨을 알 수 있다. 세계적인 컨설팅 기관인 매킨지(Mckinsey)는 빅데이터를 기존 데이터베이스 관리도구의 데이터 수집, 저장, 관리, 분석하는 역량을 넘어서는 규모로서 그 정의는 주관적이며 앞으로도 계속 변화될 것이라고 언급하고 있다.

1분 동안 생성되는 데이터의 양 (국립 중앙과학관/빅데이터)

이와 같은 빅데이터는 여러 분야에 활용되고 있다. 2014년 월드컵과 2016년 올림픽을 성공적으로 치르기 위해 리우데자네이루는 지능형 운영센터를 통해 도시 관리와 긴급 대응 시스템을 갖추었다. 지능형 운영센터에서는 교통, 전력, 홍수, 산사태 등의 자연재해와 수자원 등을 통합 관리할 수 있으며, 고해상도 날씨 예측 시스템은 날씨와 관련한 방대한 데이터를 분석해 폭우를 48시간 이전에 예측할 수 있다고 한다. 또 싱가포르는 차량의 기하급수적인 증가로 인한 교통체증을 줄이기 위해 교통량 예측 시스템을 도입하였다. 싱가포르는 이 시스템을 통해 85% 이상의 정확성으로 교통량을 측정하고 있다고 한다.

한편, 인공지능은 인간의 학습능력과 추론능력, 지각능력, 자연언어의 이해능력 등을 컴퓨터 프로그램으로 실현한 기술이다. 아마도 인공지능하면 가장 먼저 떠오르는 사건은 2016년 알파고(AlphaGo)와 이세돌 기사의 대국일 것이다. 알파고를 통해 인공지능이 전 국민이 관심을 갖는 분야로 떠올랐다. 덕분에 인공지능에 대한 교육이나 홍보가 단숨에 이루어졌다.

사실 알파고의 기본은 딥 러닝(Deep learning)에 있다. 딥 러닝은 컴퓨터가 사람처럼 생각하고 배울 수 있도록 하는 기술을 뜻한다. 많은 데이터를 분류해서 같은 집합끼리 묶고 상하의 관계를 파악하는 기술이다. 딥 러닝은 기계를 학습시키는 것이라 할 수 있는데, 기존의 기계학습이 컴퓨터에게 먼저 다양한 정보를 가르치고 그것을 학습한 결과에 따라 컴퓨터가 새로운 것을 예측하는 반면, 딥 러닝은 인간의 '가르침'이라는 과정을 거치지 않아도 스스로 학습하고 미래의 상황

컴퓨터 스스로 자료를 탐색하며 학습한 다양한 호랑이

을 예측할 수 있다는 점에서 차이가 있다.

예를 들어 기존의 기계학습이 개발자가 다양한 호랑이 사진을 컴퓨터에게 보여주고 '이것은 호랑이다.'라고 알려준 다음, 새로운 호랑이 사진을 보았을 때 '호랑이'라고 판단할 수 있도록 하는 것이다. 하지만 딥 러닝은 호랑이에 대한 기본 정보를 입력하면 스스로가 여러 가지 호랑이 사진을 찾아보고, '호랑이'에 대해 학습한 다음 새로운 호랑이 사진을 보고 '호랑이'라고 구분하는 것이다.

예를 들어 아래와 같이 새로운 사진을 제시하며 "이 동물은 무엇일까?" 하고 사람이 물어보면, 알파고는 "호랑이" 하고 대답할 것이다.

IT업체가 운영하고 있는 버섯농장 (KBS 뉴스)

인공지능 알파고도 딥 러닝 기술을 통해 만들어진 프로그램이다. 이세돌과 바둑을 두기 전까지 알파고는 끊임없이 스스로 바둑 기보를 가지고 전략을 학습했다. 사람이 특별히 정보를 입력한 것도 아니고 다른 기계의 정보를 가져다 배운 것도 아니다. 알파고끼리 서로 바둑을 두면서 바둑의 원리를 배웠고, 과거의 바둑 경기를 스스로 학습하면서 어떤 상황에서 어떤 수를 두어야 할지 배워나간 것이다.

오늘날 인공지능이 활용되는 분야는 로봇, 의료기, 군사기술 등 매우 다양하다. 특히 인공지능은 농업에서도 활용되고 있다. 가까운 미래에는 흙과 햇볕이 없어도 열매가 자라고 스스로 물도 주고 비료도 주는 로봇이 등장할 것이다. 햇볕 대신 LED 조명이 바람 대신 송풍기가 작동하는 밀폐 공간에서 인공지능에 의하여 온도와 습도, 이산화탄소 양까지 조절해 생산율을 높이고 있는 스마트팜은 현재도 운영되고 있다.

예전에는 농업이라 하면 농민이 뜨거운 햇빛 아래서 열심히 땀 흘려 곡물을 생산하는 것으로 여겼으나, 오늘날에는 점차 농민이 아닌 IT 업체가 농장을 운영하기 시작했다. 비닐하우스 덮개가 스스로 열리고 닫히며, 건조하면 인공지능이 알아서 물을 뿌리고 영양분이 부족하면 비료도 줄 수 있다. 또 스마트폰으로 원격조종까지 가능하다. 이와 같은 스마트팜이 각광을 받기 시작한 것은 급변하는 기후 환경에서도 안정적인 생산이 가능하다는 데 있다.

그런데 사물인터넷, 빅데이터, 인공지능 등은 모두 컴퓨터와 소프트웨어를 이용한 것이다. 즉, 4차 산업혁명 시대를 이끌 중심에 서 있는 것이 바로 컴퓨터와 컴퓨터를 움직이는 소프트웨어이다. 그래서 4차 산업혁명 시대를 살아가게 될 우리에게 소프트웨어 중심으로 다양한 분야에서의 새로운 변화를 어떻게 맞이하느냐에 개인뿐만 아니라 국가의 명운이 달렸다고 볼 수 있다. 결국 우리에게는 컴퓨터와 관련된 하드웨어뿐만 아니라 소프트웨어에 대한 이해와 적응이 반드시 필요하게 되었고, 이는 컴퓨터에게 일을 시키는 방법인 코딩(coding)의 이해로부터 시작되는 것이다.

★ 컴퓨터는 무엇으로 이루어졌는가?

컴퓨터는 하드웨어와 소프트웨어 그리고 네트워크로 구성되어 있다고 할 수 있다. 사람에 비유하자면 하드웨어는 몸, 소프트웨어는 생각, 네트워크는 사람이 말하는 것이라고 할 수 있다. 사람 몸의 기본 구조가 모두 동일하듯이 하드웨어도 대부분 같은 구조로 되어 있다. 그런데 개별적으로 생김새가 다르듯이 컴퓨터의 본체, 모니터, 키보드, 마우스 등의 모양은 약간씩 다를 수 있다. 하지만 사람의 머리가 하나이고 팔과 다리는 둘씩 있고 심장과 위장, 간 등이 몸 속에 있는 것처럼, 컴퓨터 본체 안에는 대부분 비슷한 부품들이 들어 있다. 그 중에서 핵심부품은 프로세서와 메모리이다. 프로세서는 소프트웨어를 처리하는 부분이므로 사람으로 치면 두뇌에 해당한다. 그리고 소프트웨어를 저장하는 부품이 메모리인데, 이것은 사람의 기억력이라 할 수 있다.

소프트웨어는 크게 시스템 소프트웨어와 응용 소프트웨어의 두 종류로 나누어진다. 시스템 소프트웨어는 컴퓨터의 하드웨어를 운영하기 위한 것으로 마이크로소프트의 윈도우와 같은 소프트웨어가 있다. 응용 소프트웨어는 아래아한글, 엑셀 등과 같은 것으로 실제로 사람들이 컴퓨터를 사용할 때 쓰는 소프트웨어이다.

컴퓨터의 네트워크는 미리 정해진 약속을 사용하여 통신을 한다. 통신하기 위해서는 정한 약속을 서로 잘 지켜야 한다. 예를 들어 두

컴퓨터와 사람
우린 닮았어
하드웨어 = 몸
본체, 모니터, 마우스 등
컴퓨터의 외관 그 자체!
팔, 다리, 심장 등
사람의 기본적인 몸!
프로세서 = 두뇌
메모리 = 기억력
마우스마다
생김새가 다르듯이
사람도 사람마다
생김새 다름
네트워크 = 말
컴퓨터 사이의 약속
이거 다음
이거 통신해~
사람 사이의 약속
2시에
공원에서 만나~
소프트웨어 = 생각
윈도우, 한글, 엑셀 등!
사람의 영혼!
이 둘은 만질 순 없지만 없어서는 안될 핵심요소들~.

친구가 놀이공원에서 만나기로 했을 때, 시간과 장소를 정확히 정해야 하는데, 그렇지 않으면 서로 다른 날과 시간 그리고 다른 장소에서 기다릴 수 있으므로 함께 놀이공원에 갈 수 없다. 이와 마찬가지로 컴퓨터 사이에도 서로 이해할 수 있는 사전 약속이 필요하다. 이 약속을 프로토콜이라고 한다.

4차 산업혁명 시기에 가장 필요한 것이 컴퓨터와 관련된 것이므로 컴퓨터를 움직이는 소프트웨어에 대한 교육은 미래를 준비하기에 특히 중요하다. 소프트웨어를 배우는 이유는 컴퓨터 과학의 기본 개념, 원리, 법칙을 이해할 뿐만 아니라, 프로그래밍 능력과 다양한 도구의 기능을 습득해서 생활 주변의 여러 가지 사회 현상과 자연 현상을 모델링하여 창의적으로 문제를 해결하는 능력과 태도를 기르기 위함이다.

거의 모든 미래 직업에 핵심적인 일

꼭 컴퓨터 프로그래머가 될 필요는 없다. 컴퓨터 프로그래밍 자체가 '디지털 혁명'으로 달라질 미래 사회를 이해하는 통로라고 이해하기 때문이다.
코딩 교육은 프로그래밍 언어 사용법을 가르치는 게 아니라 자신의 생각과 감정을 프로그램을 통해 표현하는 법을 가르치려는 것이다. 디지털 세상에서 자신을 표현하는 것은 거의 모든 미래 직업에 핵심적인 일이기 때문이다.

미래 사회의 구성원으로서 필요한 핵심 역량은 창의적인 사고력(creative thinking), 협력적 문제 해결 능력(cooperative problem solving), 컴퓨터 과학적 사고력(computational thinking), 의사소통 능력(communication skill)이다. 이런 능력은 컴퓨터와 소프트웨어의 원리를 이해하고 활용하며 발휘되고 발전하게 된다. 즉, 컴퓨터와 소프트웨어의 이해와 활용을 통해서 사람들의 창의적인 사고력이 향상되고, 일상생활에서 발생하는 문제를 해결할 수 있게 되며, 생활 주변에서 생성, 유통, 가공되는 정보를 처리하고 활용할 수 있는 능력이 커지게 된다. 또 다양한 의사소통 도구를 활용하여 가족 및 사회 구성원 간에 효과적으로 협력할 수 있는 능력을 기르게 된다. 결국 컴퓨터와 소프트웨어의 이해와 활용으로 길러진 개인의 역량은 다른 분야의 성공적인 학습에 기반이 될 뿐만 아니라, 앞으로 개인의 전문적인 능력 향상과 미래 직업의 창조적인 인재를 양성하는 데 밑거름이 될 것이다.

★ 컴퓨터는 어떻게 생각할까?

우리가 소프트웨어를 배우는 이유는 복잡한 문제를 컴퓨터 과학적인 원리를 활용하여 창의적으로 문제를 해결하기 위함이다. 이때 문제를 해결하는 데 필요한 소프트웨어를 잘 만들려면 '컴퓨팅 사고력(computational thinking)'을 길러야 한다. 컴퓨팅 사고력이 높아지면 그만큼 소프트웨어를 잘 이해하고 활용할 수 있으므로 복잡하고 어려운 문제도 쉽게 해결할 수 있다. 컴퓨팅 사고력, 즉 '컴퓨터처럼 생각하는 것'은 주어진 문제를 보고 컴퓨터로 해결이 가능한지를 판별하고 분석하여, 객관적인 지식으로 설계하거나 문제를 해결하기 위해 절차화하거나 어느 부분까지 자동화로 구현이 가능하며, 이것을 통해 효율적으로 문제를 해결할 수 있는지에 대한 판단과 컴퓨팅을 실행한 다음 그 결과를 평가할 수 있는 능력을 말한다. 간단히 말해 컴퓨팅 사고력은 '컴퓨터를 이용하여 문제를 해결하기 위한 생각의 힘'이라고 할 수 있다.

아주 간단한 예인 '컵에 물 따르기'로 '컴퓨터처럼 생각하는 것'이 어떤 것인지 알아보자. 우리가 컵에 물을 따를 때에는 다음과 같이 간단히 생각한다.

❶ 컵과 물을 준비한다.

❷ 컵에 물을 따른다.

❸ 컵에 물이 차면 따르기를 멈춘다.

그러나 컴퓨터에게는 좀 더 복잡한 과정이 필요하다. 우선 우리가 컴퓨터에게 컵과 물이 무엇인지 알려주지 않으면 컴퓨터는 컵과 물을 구분하지 못한다. 또 컵을 뒤집어 놓을지 옆으로 굴릴지 알려주지 않았기 때문에 컴퓨터는 컵을 있는 그대로 놓아둘 것이다. 어쨌든 미리 컴퓨터에게 컵과 물에 대한 정보를 입력했다고 가정하더라도 다음과 같은 차례로 명령을 해야 한다.

❶ 컵을 가져온다.

❷ 컵을 뚫려 있는 부분이 위로 가게 내려 놓는다.

❸ 물이 들어 있는 병을 든다.

❹ 물병의 뚜껑을 연다.

❺ 물병의 물을 컵에 따르기 시작한다.

❻ 컵에 물이 2/3가 되면 따르기를 멈춘다.

❼ 물병을 내려놓는다.

❽ 물병의 뚜껑을 닫는다.

좀 더 복잡한 예로, 바쁜 아침에 샌드위치를 만드는 경우로 '컴퓨터처럼 생각하는 것'이 어떤 것인지 알아보자. 샌드위치에 대한 아무런 정보가 없는 컴퓨터에게 여러분은 아침으로 먹고 나갈 샌드위치를 준비하라고 명령한다면 컴퓨터는 어떻게 할까? 샌드위치를 만드는 방법을 컴퓨터에게 입력하지 않았기 때문에 컴퓨터는 여러분의 명령을 수행할 수 없다.

이제 다음과 같은 차례로 샌드위치를 만들어보자.

❶ 식빵 두 장, 딸기 잼, 땅콩 잼을 준비한다.

❷ 각각의 식빵에 딸기 잼과 땅콩 잼을 바른다.

❸ 딸기 잼을 바른 식빵에 땅콩 잼을 바른 식빵을 붙인다. 샌드위치 완성!

일반적인 사람이라면 위와 같은 차례로 간단히 샌드위치를 만들 수 있다. 하지만 이 명령으로 컴퓨터가 샌드위치를 만들 수 있을까? 위의 명령으로 컴퓨터가 샌드위치를 만드는 과정을 살펴보자.

우선 식빵 두 장, 딸기 잼, 땅콩 잼을 준비하는 것은 컴퓨터가 할 수

있을 것이다. 식빵에 딸기 잼과 땅콩 잼을 바르는 두 번째 단계에서 아마도 컴퓨터는 한 장의 식빵 위에는 딸기 잼이 든 병을 문지르고 다른 한 장의 식빵에는 땅콩 잼이 든 병을 문지를 것이다. 왜냐하면 잼이 든 병뚜껑을 열어서 그 내용물을 빵에 바르라고 명령하지 않았기 때문이다. 그리고 마지막에는 두 식빵을 붙이는데, 딸기 잼을 바른 식빵 '위에' 땅콩 잼을 바른 식빵을 붙이라고 했으므로 다음 그림과 같이 붙일 것이다. 왜냐하면 식빵에서 위는 둘레의 약간 거뭇하게 누른 부분이 윗부분이기 때문이다.

컴퓨터에게 제대로 일을 시

키기 위해서는 다음과 같이 좀 더 정확하고 세세한 명령이 필요하다.

❶ 식빵 두 장, 딸기 잼, 땅콩 잼을 준비한다.

❷ 딸기 잼이 든 병의 뚜껑을 연다.

❸ 숟가락을 들어 병에 든 딸기 잼을 뜬다.

❹ 식빵 한 장을 들어 ❸에서 뜬 딸기 잼을 식빵의 넓은 면에 골고루 바른다.

❺ 딸기 잼을 바른 식빵을 내려놓는다. 이때 잼을 바른 면이 위로 향하게 놓는다.

❻ 숟가락을 내려놓는다.

❼ 땅콩 잼이 든 병의 뚜껑을 연다.

❽ 숟가락을 들어 병에 든 땅콩 잼을 뜬다.

❾ 딸기 잼을 바르지 않고 남아 있는 식빵 한 장을 들어 ❼에서 뜬 땅콩 잼을 식빵의 넓은 면에 골고루 바른다.

❿ 숟가락을 내려놓는다.

❻ 딸기 잼과 땅콩 잼을 바른 식빵을 잼을 바른 부분이 겹치도록 붙인다.

⓫ "샌드위치 완성"이라고 표시한다.

이와 같이 대강의 내용과 단계를 입력하거나 설명하는 것이 아니라, 실행하고자 하는 구체적이며 상세한 내용을 빠짐없이 순차적으로 생각하는 것이 바로 '컴퓨터처럼 생각하는 것'이다. 사실 컴퓨팅 사고

컴퓨터처럼 생각하는 것이란

어떻게 보면 바보스럽기도 하지만 일의 내용과 순서를 논리적으로 쭉 펼쳐놓는 것이다.

력은 어떤 면에서는 바보스럽기도 하지만 일의 내용과 순서를 논리적으로 나열한다는 점에서는 매우 과학적이다.

사실 이와 같은 내용과 순서에 가장 맞는 과목이 바로 수학이다. 잘 생각해보자. 어떤 수학문제를 풀려면 내용과 순서 및 단계를 무시하고 수학문제를 해결할 수 없다. 반드시 한 단계, 한 단계의 정확한 과정이 필요하다. 수학적으로 이와 같은 과정이 필요한 이유는 정수의 사칙계산에서 쉽게 찾을 수 있다.

예를 들어 어떤 사람이 $(-14)\div2+6\times(-2)$를 단계와 과정을 무시하고 $(-14)\div8\times(-2)=(-14)\div(-16)=\frac{14}{16}=\frac{7}{8}$로 계산했다면, 이것은 완전히 잘못된 계산이다. 사칙계산에서 곱셈과 나눗셈을 먼저 시행한다는 과정을 지키며 올바르게 계산하면 다음과 같다.

$$\begin{aligned}(-14)\div2+6\times(-2)&=-\frac{14}{2}+(-12)\\&=-7-12\\&=-19\end{aligned}$$

따라서 내용과 순서 그리고 단계를 반드시 지켜야 하는 '컴퓨터처럼 생각하는 것'은 매우 수학적이라고 할 수 있다.

어쨌든 문제를 해결하려면 컴퓨터에게 제대로 일을 시켜야 한다. 이때 인간의 창의성과 논리적 사고력이 필요하다. 즉, 인간의 능력이 높아질수록 좋은 소프트웨어를 개발할 수 있고, 컴퓨터의 능력 또한 배가되기 때문에 컴퓨팅 사고력은 매우 중요하다. 그런데 컴퓨터는 전기제품이므로 전기가 들어와야만 일을 할 수 있다. 그리고 컴퓨터는 전기가 들어올 경우와 들어오지 않을 경우만 구별할 수 있기 때문에 매우 제한적으로 일을 시킬 수밖에 없다. 제한적인 상황임에도 불구하고 컴퓨터가 일을 잘 하도록 프로그래밍 해주는 것은 컴퓨팅 사고력 덕분이다.

컴퓨터를 사용하여 문제를 해결할 때, 컴퓨터의 제한적인 능력을 잘 이해한 후 해결해야 할 문제를 구체적으로 정리하여 컴퓨터에 입력해야 한다. 이와 같은 과정을 그림으로 간단히 나타내면 다음과 같다.

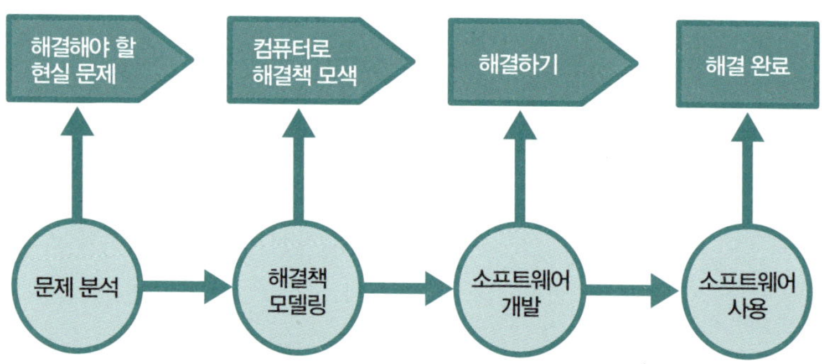

우리가 접하게 되는 현실 문제를 해결할 때 가장 먼저 해야 하는 것은 해결할 일의 우선순위를 정하는 것이다. 제일 중요한 일부터 해결하기 시작하여 중요도가 가장 낮은 일을 마지막에 하는 것이 문제를 잘 해결하는 방법이다. 이때 과학적으로 문제를 정의하고 해결해야 하는 가장 효과적인 수단은 수학이다.

예를 들어 다음 문제를 살펴보자.

현실 문제

선물 포장을 하기 위하여 포장지를 둘레가 42cm인 직사각형 모양으로 오리려고 한다. 가로의 길이가 세로의 길이의 2배가 되도록 오리려면 가로의 길이는 얼마로 해야 하는가?

이 문제는 직사각형의 가로의 길이를 구하는 것이다. → **문제 분석**
따라서 다음과 같이 수학문제로 바꿀 수 있다. → **해결책 모델링**

수학 문제

둘레가 42cm인 직사각형의 가로의 길이가 세로의 길이의 2배라고 하면, 가로의 길이는 얼마인가?

수학문제를 해결하기 위하여 문제의 뜻에 맞는 직사각형을 그려보자.

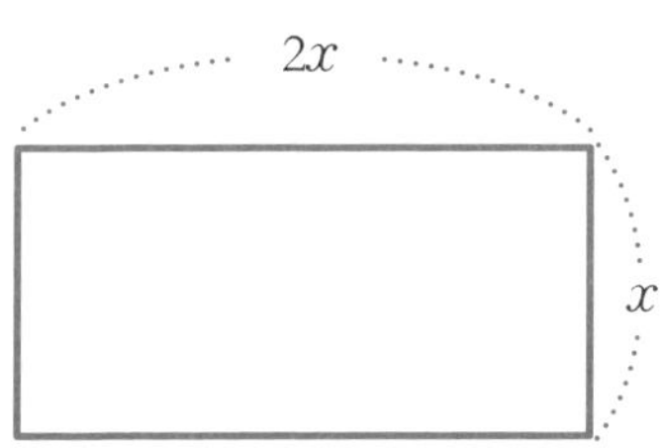

이 직사각형의 가로의 길이는 세로의 길이의 2배이고 둘레의 길이는 42cm이다. 세로의 길이를 x라고 하면 가로의 길이는 $2x$가 된다.

직사각형의 둘레의 길이는 네 변의 길이의 합과 같으므로

$$x+2x+x+2x=42$$

이다. 이 방정식을 풀면 $6x=42$, $x=7$이므로 세로의 길이는 7cm이고, 가로의 길이는 14cm이다. → **해결하기**

따라서 원하는 직사각형 모양의 포장지의 가로의 길이를 14cm만큼 오리면 된다. → **해결 완료**

컴퓨터를 사용하여 문제를 해결할 때도 이와 같은 과정과 방법을 사용해야 한다. 결국 컴퓨팅 사고력은 수학적 사고력과 일맥상통하고, 컴퓨터와 수학은 그 원리가 같음을 알 수 있다.

컴퓨터로 어떻게 나타낼까

컴퓨터는 '예, 아니오'만 이해한다

이진법의 비밀

컴퓨터가 이해하는 언어

★ 컴퓨터는 '예, 아니오'만 이해한다

우리가 컴퓨터를 이용하기 위해서 가장 먼저 할 일은 전원 스위치를 켜서 컴퓨터에 전기를 공급하는 것이다. 전기가 들어오면 그때부터 컴퓨터가 움직이기 시작하는데, 컴퓨터 내부에 있는 어떤 장치에서는 상황에 따라 전기를 보내기도 하고 보내지 않기도 한다. 그것을 1과 0으로 표현할 수 있는데, 이것을 1비트(bit)라 한다. 컴퓨터는 1비트에 0과 1 두 가지의 수를 저장할 수 있으며, 2비트에는 00, 01, 10, 11의 네 가지 경우를 저장할 수 있다. 1개의 비트는 0 또는 1의 2가지 상태를 나타낼 수 있어서 n개의 비트로는 2^n가지의 상태를 나타낸다. 이와 같은 비트를 정보량의 최소단위라고 한다. 이는 전기적 신호를 이용한 on, off, 즉 1과 0을 이용한 이진수를 활용한 방법으로, 좀 더 많은 수의 정보를 표현하기 위해선 그만큼 저장할 수 있는 공간이 필요하게 된다.

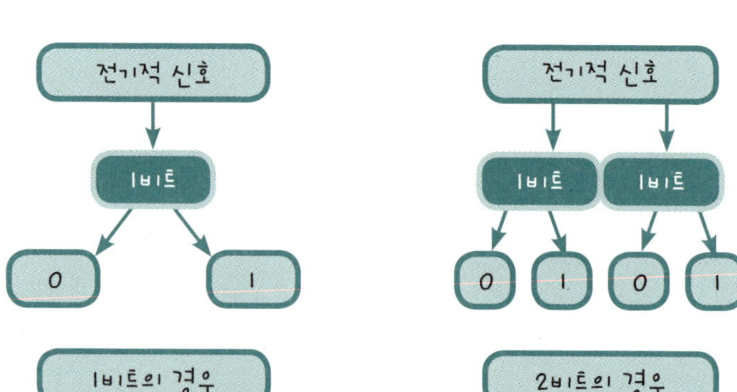

그렇다면 단지 0과 1뿐으로 얼마나 많은 정보를 저장하고 처리할 수 있을까?

보통 8비트로 1바이트(byte)를 구성하며, 바이트는 컴퓨터에 의한 데이터 처리, 저장, 전송의 기본적인 단위로서 많이 사용된다. 1바이트가 8비트로 구성되는 경우 비트의 조합은 $2^8=256$ 가지가 되며, 이것을 문자 부호로 사용하면 알파벳 문자의 대문자와 소문자, 구두점 등 문법 기호 및 일부 특수 기호를 표현할 수 있으나 한글이나 한자는 수천 또는 수만 종류가 있기 때문에 2바이트 부호가 사용된다. 2바이트 부호는 1바이트가 두 개 있는 것이므로 $2^8 \times 2^8 = 2^{16} = 65,536$ 종류의 문자를 표현할 수 있다. 아울러 요즘 우리가 흔히 사용하는 컴퓨터는 대개 64비트이므로 $2^{64}=2^{32}\times 2^{32}=4,294,967,296\times 4,294,967,296 ≒ 1,845\times 10^{19}$ 종류의 문자를 표현할 수 있다.

컴퓨터 기억 장치의 용량은 일반적으로 다음과 같다.

1bit (비트)	0, 1	
1Byte (바이트)	1바이트 = 8비트	• 2바이트 – 한글 1글자, 영문 2글자
킬로바이트 (KB: kilobyte)	1킬로바이트 = 2^{10} =1,024바이트 = 약 10^3	
메가바이트 (MB: megabyte)	1메가바이트 = 1,024킬로바이트 = 2^{20} = 약 10^6	• 한글 524,288글자 • mp3 곡 하나: 4MB • CD 1개: 650MB
기가바이트 (GB: gigabyte)	1기가바이트 = 1,024메가바이트 = 2^{30}= 약 10^9	• 1기가바이트: 250곡 정도의 음악을 저장할 수 있는 용량 • DVD 1개의 용량: 4.7GB
테라바이트 (TB: Terabyte)	1테라바이트 = 1,024기가바이트 = 2^{40}= 약 10^{12}	• 1테라바이트: 400쪽 책 25억 권 정도 분량

★ 이진법의 비밀

앞에서 컴퓨터는 전기가 통할 때를 1로, 통하지 않을 때를 0으로 하여 매우 많은 종류의 문자를 표현할 수 있음을 알아보았다. 사실 컴퓨터에서 처리하는 모든 문자는 0과 1 두 개의 수로 모두 표현된다. 그리고 수학에서 0과 1의 두 가지로 수를 표현하는 방법을 이진법이라고 한다.

여기서 진법에 대하여 알아보자.

우리는 일상생활에서 10개의 숫자(0, 1, 2, 3, 4, 5, 6, 7, 8, 9)를 사용하여 수를 나타낸다. 즉 1이 10개 모여 10, 10이 10개 모여 100, 100이 10개 모여 1000, …과 같이 자리가 하나씩 올라감에 따라 자리의 값이 10배씩 커진다.

예를 들어 자연수 473에서 4는 100의 자리의 수, 7은 10의 자리의 수, 3은 1의 자리의 수를 나타낸다. 이와 같이 자리가 하나씩 올라감에 따라 자리의 값이 10배씩 커지도록 수를 나타내는 방법을 십진법이라고 한다. 십진법으로 나타낸 수 473은

$$473=4\times100+7\times10+3\times1$$

과 같이 전개하여 나타낼 수 있으므로 이것을 10의 거듭제곱을 써서 나타내면 다음과 같다.

$$473=4\times10^2+7\times10+3\times1$$

4	7	3
↑	↑	↑
10^2의 자리	10의 자리	1의 자리

이와 같이 십진법으로 나타낸 수를 10의 거듭제곱을 써서 나타낸 식을 십진법의 전개식이라고 한다.

한편 13은 8, 4, 1을 이용하여 다음과 같이 나타낼 수 있다.

$$\begin{aligned} 13 &= 8+4+0+1 \\ &= 1\times8+1\times4+0\times2+1\times1 \\ &= 1\times2^3+1\times2^2+0\times2+1\times1 \end{aligned}$$

이때 자연수 13은 1, 1, 0, 1을 차례로 써서

$$1101_{(2)}$$

과 같이 나타내고, 이것을

이진법으로 나타낸 수 일일영일

이라고 읽는다. 또 $1101_{(2)}$은 각 자리의 값이

$$2^3,\ 2^2,\ 2,\ 1$$

인 수이다.

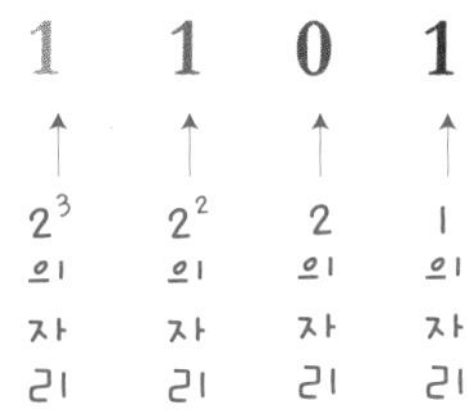

따라서 이것은 자리가 하나씩 올라감에 따라 자리의 값이 2배씩 커지는 수이다. 이와 같이 자리가 하나씩 올라감에 따라 자리의 값이 2배씩 커지도록 수를 나타내는 방법을 이진법이라고 한다. 이진법으로 나타낸 수 $1101_{(2)}$을 2의 거듭제곱을 써서 나타내면 다음과 같다.

$$1101_{(2)}=1\times2^3+1\times2^2+0\times2+1\times1$$

이와 같이 이진법으로 나타낸 수를 2의 거듭제곱을 써서 나타낸 식을 이진법의 전개식이라고 한다. 이진법으로 나타낸 수 $1101_{(2)}$을 이진법의 전개식으로 나타내어 십진법으로 표현하면 다음과 같다.

$$\begin{aligned}1101_{(2)}&=1\times2^3+1\times2^2+0\times2+1\times1\\&=8+4+0+1\\&=13\end{aligned}$$

이와 같이 이진법으로 나타낸 수를 이진법의 전개식으로 나타내어 계산하면 십진법으로 나타낼 수 있다.

마찬가지로 십진법으로 나타낸 수를 이진법으로 나타내려면 이진법으로 나타낸 수를 십진법으로 나타낼 때와 반대로 하면 된다. 예를 들어 십진법으로 나타낸 수 13을 이진법으로 나타내면 다음과 같다.

$$\begin{aligned}13&=8+4+0+1\\&=1\times2^3+1\times2^2+0\times2+1\times1\\&=1101_{(2)}\end{aligned}$$

아래와 같이 십진법으로 나타낸 수를 몫이 0이 될 때까지 계속 2로 나누어서 생긴 나머지를 역순으로 적으면 된다.

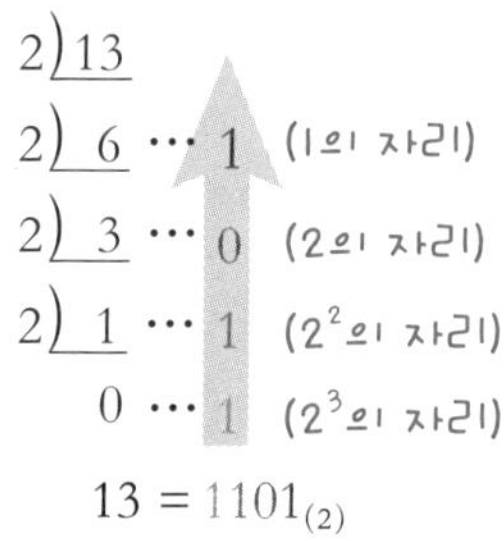

이런 방법으로 19를 다음과 같은 과정을 통하여 이진법으로 나타낼 수 있다.

몫이 0이 될 때까지 19를 2로 나누면 다음과 같다.

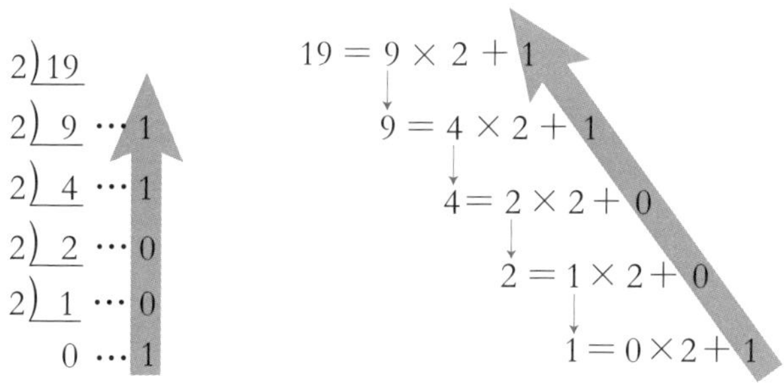

따라서 19를 이진법으로 나타내면 $10011_{(2)}$ 이다.

★ 컴퓨터가 이해하는 언어

컴퓨터는 이진법을 이용하여 특정한 문자를 표현하거나 저장하는데 이것을 '비트의 나열', 즉 비트열 또는 부호라 한다. 여기서 부호는 어떤 뜻을 나타내는 기호, 특히 수학에서는 양수 또는 음수를 나타내는 기호, 곧 '+'나 '−'를 뜻하지만, 정보 이론이나 정보 과학에서는 코드(code)를 번역한 말이다.

서로 다른 언어를 쓰는 사람에게 말로써 뜻을 전달하기 위해서는 자신의 언어를 번역하여 상대방이 이해할 수 있는 형태로 바꾸어 전달해야 한다. 마찬가지로 인간이 사용하는 한글, 영문자, 특수 문자 등을 컴퓨터에서 사용하려면, 입력하는 문자를 컴퓨터가 이해할 수 있는 이진수 형태로 바꾸어주어야 한다. 이때, 각 문자를 서로 구분하기 위해 문자별로 약속된 이진수 값을 정해 두었는데, 이를 **문자 이진코드**(character binary code)라고 한다.

이진코드는 세계 각국의 언어가 다르듯이 개발 국가나 제작 회사, 개발자에 따라 다양하게 개발되었다. 대표적인 이진코드에 아스키코드(ASCII code)와 유니코드(UNI code)가 있다. 아스키코드는 미국정보교환표준부호(American Standard Code for Information Interchange)의 줄임말로 영문 알파벳을 사용하는 대표적인 문자 이진코드이다. 아스키는 1967년에 표준으로 제정되어 1986년에 마지막으로 개정되었다. 아스키코드는 영문 알파벳의 대문자와 소문자, 숫자 0부터 9, 특수기호(?, /,

=, +, #, …) 등 총 $2^7=128$개의 서로 다른 문자를 표현할 수 있다.

다음은 아스키코드의 표이다.

2진수	000	001	010	011	100	101	110	111
0000	NULL	DLE	Space	0	@	P	.	p
0001	SOH	DC1	!	1	A	Q	a	q
0010	STX	SC2	"	2	B	R	b	r
0011	ETX	SC3	#	3	C	S	c	s
0100	EOT	SC4	$	4	D	T	d	t
0101	ENQ	NAK	%	5	E	U	e	u
0110	ACK	SYN	&	6	F	V	f	v
0111	BEL	ETB	`	7	G	W	g	w
1000	BS	CAN	(	8	H	X	h	x
1001	HT	EM	)	9	I	Y	i	Y
1010	LF	SUB	*	:	J	Z	j	z
1011	VT	ESC	+	;	K	[	k	{
1100	FF	FS	,	<	L	¥	l	|
1101	CR	GS	-¥	=	M	]	m	}
1110	SO	RS	.	>	N	^	n	~
1111	SI	US	/	?	O	_	o	DEL

상위비트

하위비트

100 0001(2) = 65
상위비트 하위비트

아스키코드는 상위비트와 하위비트로 구성되며, 상위비트와 하위비트를 연결하여 글자나 문자를 표현한다. 예를 들어 아스키코드를 이용하는 컴퓨터의 자판에서 알파벳 대문자 A자를 누르는 경우를 생각해 보자. 아스키코드에서 A의 상위비트는 100이고 하위비트는 0001이므로 이를 조합하면 A는 1000001과 같다. 즉, 컴퓨터는 A를 $1000001_{(2)}$로 알아듣고, 그에 해당하는 문자인 A를 화면에 표시하게 된다. 그런데 원래 8비트이므로 앞의 한 자리는 0으로 생각하여 A

I am a boy.
나는
소년입니다.
01001001
01010111
01101101
01010111
01100010
01101111
01111001
아스키코드

는 $01000001_{(2)}$이다.

결국 우리가 자판에서 A를 누르면 다음 그림과 같이 8비트열 중에서 두 번째와 마지막 비트만 전기가 흐르고 나머지 비트는 전기가 흐르지 않게 되는 것이다.

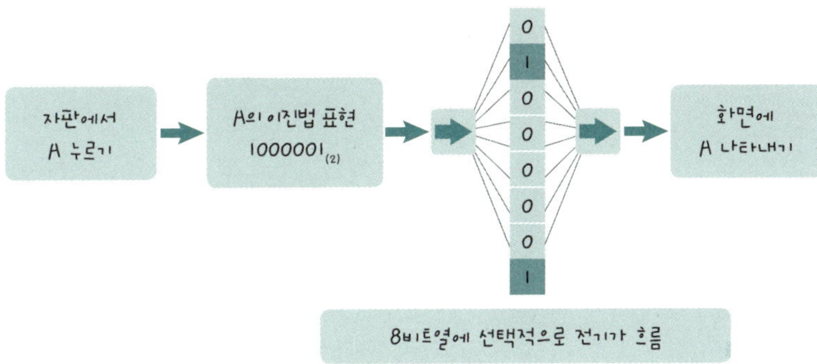

예를 들어 영어문장인 'I am a boy'를 우리나라의 언어로 번역하면 '나는 소년입니다.'가 된다. 그러나 아스키코드를 사용하는 컴퓨터는 이 문장을 다음과 같은 0과 1의 배열로 번역하는 것이다. 즉,

영어: I am a boy

한글번역: 나는 소년입니다.

컴퓨터 번역: 01001001 01010111 01101101 01010111 01100010 01101111 01111001

인간의 언어	컴퓨터 언어
I	01001001
a	01010111
m	01101101
a	01010111
b	01100010

o	01101111
Y	01111001

컴퓨터가 전 세계적으로 보급되면서 컴퓨터가 처리해야 하는 언어의 종류도 다양해졌다. 아스키코드를 사용하면 영어는 8비트로 표현할 수 있지만, 한글, 한자, 일어 등은 영어와 문자의 구조가 다르기 때문에 위와 같이 8비트로 표현할 수 없다. 이러한 문제를 해결하기 위해 개발된 이진코드가 유니코드이다. 유니코드는 사용 중인 운영체제, 프로그램, 언어에 관계없이 문자마다 고유한 코드 값을 제공하는 새로운 개념의 코드다. 언어와 상관없이 모든 문자를 16비트로 표현하므로 최대 2^{16}=65,536자를 표현할 수 있다.

유니코드는 컴퓨터에서 세계 각국의 언어를 통일된 방법으로 표현할 수 있게 제안된 국제적인 문자 코드 약속이다. 간단하게 말해서 세계 모든 문자를 번호를 정해서 표로 만든 거라 생각하면 된다. 다음은 유니코드의 예이다.

문자		유니코드	
		이진수로 표현	십육진수로 표현
한글	가	1010110000000000	AC00
숫자	1	0000000000110001	0031
영문	A	0000000001000001	0041
아랍어	ئ	0000011000100110	0626
한자	上	0100111000001010	4E0A
히브리어	פ	0000010111100100	05E4
⋮	⋮	⋮	⋮

아스키코드와 비슷하게, 예를 들어 한글 '가'를 입력하면 '가'는 수 44032에 해당하고 44032의 2진수 표현은 $1010110000000000_{(2)}$이므로 컴퓨터는 16비트열 중에서 첫째, 셋째, 넷째, 다섯째 비트에만 전기가 흐르고 나머지 비트에는 전기가 흐르지 않게 된다. 그래서 컴퓨터는 "화면에 '가'라는 문자를 표시하라는 것이구나." 하고 알아듣고 컴퓨터 화면에 '가'를 표시하게 되는 것이다.

한편, 유니코드가 16개의 비트를 이용하기 때문에 수를 16진법으로 표현하면 더 간단히 나타낼 수 있으므로 16진법도 함께 이용하게 되었다. 컴퓨터는 위와 같은 방법으로 우리가 내린 명령을 처리하고, 내장된 저장장치에도 마찬가지 방법으로 각종 정보를 0과 1의 배열로 저장하게 된다.

16진수

자릿수 하나가 0부터 15까지 표현할 수 있다. 하지만 우리가 흔히 사용하는 숫자는 0부터 9까지밖에 없기 때문에 나머지 10은 A, 11은 B, 12는 C, 13은 D, 14는 E, 15는 F로 표현한다.

컴퓨터로 무엇을 할 것인가

자료와 정보는 어떻게 다른가

자료를 어떻게 활용할까

자료와 정보를 잘 정리한다

자료를 규칙에 따라 정리한다

원하는 자료를 빠르게 찾는 방법을 생각한다

★ 자료와 정보는 어떻게 다른가

컴퓨터를 사용하는 이유는 자료를 정리하여 필요한 정보를 얻어 우리에게 주어진 문제를 해결하기 위함이다. 이때 자료와 정보는 어떻게 다를까?

우선 **데이터**(data)라고도 하는 자료는 단순한 관찰이나 측정을 통해 얻게 되는 값이나 사실을 말하며 신문이나 잡지 또는 인터넷 등에서 손쉽게 얻을 수 있다. 반면 **정보**는 자료를 실제 생활에 도움이 될 수 있도록 유용한 형태로 고치거나 정리한 결과이다. 그래서 정보는 자료를 이용하여 우리에게 필요한 형태로 가공 처리해야 한다.

예를 들어, 서울에 사는 사람들에게 제주도의 기온과 습도 등은 자료이지만 제주도로 여행 가려는 사람에게는 정보가 될 수 있다. 또 컴퓨터를 구입하려는 사람에게 S사 제품과 L사 제품의 가격 자체는 자료가 되기도 하지만 정보도 된다. 여기서 계산된 정보는 다른 전자회사의 컴퓨터의 평균가격과 같은 또 다른 정보를 계산하기 위한 자료로 활용될 수 있다.

종류	S사	L사	H사	최저가	최고가	평균가
컴퓨터	100만원	110만원	90만원	90만원	110만원	100만원
스마트폰	90만원	80만원	70만원	70만원	90만원	80만원
	자료 : 수집된 각 회사 제품의 가격들			정보 : 자료를 통해 계산된 가격들		

한편 자료를 가공하여 정보를 얻기도 한다. 일기예보에서 기온은 우리가 어떤 옷을 입을지 결정하는 데 활용된다. 0도 이하이면 두꺼운 오리털 외투를 입고, 0도 이상 10도 이하이면 두껍지 않은 점퍼를 입고, 10도 이상 20도 이하이면 얇은 카디건 정도를 입으면 된다. 또 20도 이상이면 반팔 티셔츠를 입는다고 해보자. 일기예보에서 전해주는 기온이 19도이면 오늘은 얇은 카디건을 입는 날이 된다. 즉, 날짜나 지역별로 제시되는 기온은 자료이고, 이 자료를 바탕으로 옷을 구분하는 새로운 정보로 가공하는 것이다.

기온의 자료	자료로부터 생성된 정보
0도 이하	두꺼운 오리털 외투
0도 이상 10도 이하	두껍지 않은 점퍼
10도 이상 20도 이하	얇은 카디건
20도 이상	반팔 티셔츠

기온과 옷을 입는 정보의 생성

우리에게 필요한 정보를 생성하기 위해서는 적절한 단계가 필요하다. 이때 자료의 양이 많고 처리 과정이 복잡할수록 컴퓨터를 사용하면 효율적으로 정보를 생성할 수 있다. 컴퓨터를 이용하여 자료로부터 정보를 생성하는 과정은 '자료 수집', '자료 입력', '자료 처리', '정보 생성', '정보 활용', '정보의 재사용' 단계로 구분할 수 있다.

자료의 수집은 이를테면 기온, 기압, 습도, 강수량 등의 실제 기상 상태로부터 수집할 수 있다. 이와 같이 관찰이나 측정, 조사, 실험 등과 같은 방법으로 자료를 수집한다. 자료의 입력은 수집된 자료를 분석용 컴퓨터에 저장하는 것이다. 이때 키보드, 마우스, 스캐너 등과 같은 입력 장치 및 통신 장치를 이용하여 수집한 자료를 컴퓨터에 저장한다. 자료의 처리는 컴퓨터 프로그램으로 입력한 자료를 분석하고 계산하며 재구성하는 등의 처리를 한다. 즉, 분석용 컴퓨터에 의한 입력 수치 분석 처리와 예상 일기도 작성 프로그램으로 자료를 처리한다. 정보의 생성은 자료 처리를 통해 얻은 결과를 의사 결정에 활용할 수 있는 문자나 표, 그림, 소리, 동영상 등의 형태로 만들어 내는 과정이다. 이를테면 여러 가지 기상 자료를 이용하여 일기도를 생성하는 것과 같다. 정보의 활용은 인터넷, 텔레비전, 라디오, 신문 등에서 제공되는 일기 예보를 참고하여 옷차림을 선택하는 것이다. 정보를 전달하는 다양한 매체의 특성에 맞게 제공되고, 제공된 정보를 필요로 하는 사람들이 이를 활용하게 된다. 생성된 정보는 또 다른 정보를 생성하기 위한 자료로 다시 활용할 수 있다. 이와 같은 정보의 재사용은 생성된 일기도로부터 미래의 날씨를 예측하는 자료로 활용하거나, 옷차림 정보를 생성하는 또 다른 목적의 자료 처리 과정의 자료로도 활용할 수 있다.

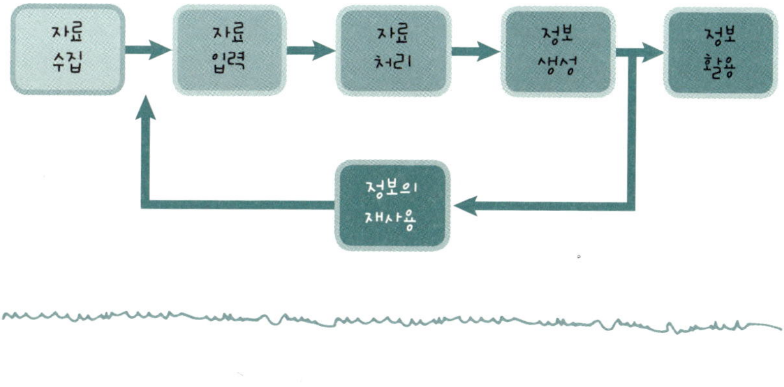

★ 자료를 어떻게 활용할까

우리가 사는 세상에는 다양한 문제가 있다. 이를테면 많은 사람들이 함께 염려하는 환경오염이라든지 교통체증과 같은 문제도 있고, 용돈의 많고 적음이나 성적 등의 개인적인 문제도 있다. 또 로봇에게 청소를 시키거나 음식을 만들게 하는 것도 문제에 해당한다. 결국 문제는 해결해야 할 대상이라고 할 수 있다.

이와 같은 문제를 해결하려면 어떻게 해야 할까?

예를 들어 점심을 먹는다고 가정해 보자. 집에 있다면 직접 음식을 만들 수도 있고, 음식점에서 배달시킬 수도 있다. 음식을 만들거나 주문할 때도 밥을 먹을지, 면 종류를 먹을지, 또는 빵을 먹을지에 따라 다양한 선택방법이 있다. 밖에 있다면 사먹어야 하는데, 김밥, 햄버거, 찌개 등을 먹을 수 있다. 또, 혼자 먹을 수도 있고, 친구와 함께 먹을 수도 있다. 게다가 지금 있는 곳이 서울의 종로라며 그곳에서 먹을 수도 있고, 차를 타고 이동하여 경기도 의정부에서 먹을 수도 있다.

이와 같이 점심을 먹을 때 그 방법이 구체적이지 않을 때는 해결 방법도 여러 가지가 있을 수 있다. 각자 처해 있는 상황에 따라 점심을 먹는 해결 방법이 달라지는 것이다. 하지만 문제가 구체적이면 문제를 해결하기 위해 불필요한 일을 하지 않아도 되고 경우에 따라서는 복잡하지 않고 좀 더 간단하며 세련된 해결 방법을 찾을 수 있다.

과학적으로 문제를 정의하고 해결하는 방법 중에서 가장 효과적인 수단은 수학이다. 수학으로 문제를 정의하면 깔끔하게 정의가 되어서 다른 사람들도 문제가 무엇인지 쉽게 이해할 수 있다. 문제를 해결하기 위하여 먼저 해야 하는 일이 무엇인지 정해야 하는데, 이것을 우선순위라고 한다. 제일 중요한 일부터 시작하여 중요도가 가장 낮은 일을 마지막에 하는 것이 일을 하는 좋은 방법이다. 이때 보통 문제는 육하원칙에 따라 정의하게 되는데 누가, 언제, 어디서, 무엇을, 왜, 어떻게 문제가 발생했는지 하는 방식으로 문제를 정의한다.

이를테면 위에서 말한 점심을 먹는 경우를 생각해보자.

누가 → 나

언제 → 12시쯤

어디서 → 종로

무엇을 → 점심식사

왜 → 배가 고프다

어떻게 → 먹지 못했다

즉,

문제 → 나는 12시쯤 종로에서 점심식사를 하려고 했는데 배가 고팠지만 먹지 못했다.

해결 → 종로에서 점심식사를 한다.

주어진 문제를 해결하기 위하여 자료를 수집해야 하는데, 이때 개인의 주관적인 생각을 배제하고 객관적인 상황에서 공정한 자료를 수집해야 한다. 이런 자료들은 컴퓨터가 잘 이해할 수 있게 만들어 저장장치에 입력해야 한다. 그런데 이렇게 자료를 만드는 것은 쉽지 않다. 미리 정해 놓은 규칙대로 만들지 않으면 컴퓨터는 입력된 자료를 엉뚱하게 해석하여 원하는 문제 해결 방법을 제시하지 못한다. 이와 같이 정해진 규칙에 따라 정리된 자료를 처리하도록 하는 것이 소프트웨어이다. 소프트웨어를 개발하는 대부분의 개발자는 자신이 생각하는 규칙적인 자료를 처리할 수 있도록 프로그램을 만들기 때문에 우리가 사용하고 있는 대부분의 소프트웨어는 일정한 형식을 갖춘 자료를 요구한다. 따라서 형식을 만들기 위해 문자나 부호 같은 형태로 자료를 가공하는 것이다.

한편 우리가 흔히 사용하는 카카오톡, 밴드, 페이스북, 트위터 등 SNS에서 발생하는 자료들은 규칙적이지 않다. 이들은 데이터베이스라는 곳에 규칙적으로 잘 정리되어 있는 자료가 아니라 문서, 메일, 사진, 음성, 동영상 등과 같은 자료들이다. 그런데 이런 자료들은 수없이 많이 만들어졌다가 사라진다. 이와 같이 정형화된 자료와 함께 만들어졌다 사라지는 자료까지 모두 가지고 있는 엄청난 양의 자료를 빅데이터(big-data)라고 한다. 빅데이터의 대부분은 정형화되지 않았다. 그래서 빅데이터를 정형화된 자료로 만들어야 인공지능을 비롯한 컴퓨터가 비로소 필요한 정보로 가공할 수 있다. 이와 같은 빅데이터를 정형화하는 프로그램은 만들기 쉽지 않기 때문에 빅데이터를 다루

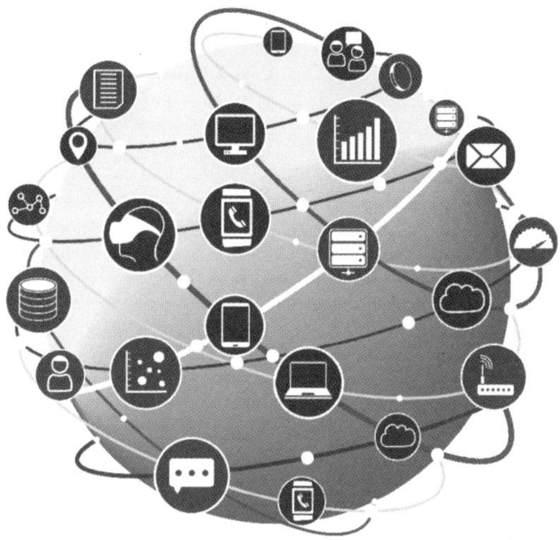

수많은 데이터는 정형화되어 정보로 가공되어야 가치를 가진다.

는 전문가들이 미래 유망직종이기도 하다.

한마디로 말하면, 빅데이터 전문가는 방대한 데이터를 문제의식을 가지고 접근하여 유익한 정보를 얻어낸 후, 해당 제품이나 서비스를 개선하는 사람이다. 데이터 속에서 새로운 부가가치를 창출하는 사람이기 때문에 빅데이터 전문가에게는 통계적인 이론과 시스템 툴에 대한 이해력뿐만 아니라 다양한 관점에서 문제를 의식하고 개선하려는 창의력과 추진력이 필요하다. 빅데이터 전문가는 전 세계적으로 인정받는 직업이고, 많은 선진국들이 빅데이터 관련 개발을 활발히 하여 인프라를 구축하고 있다. 이를테면 미국은 빅데이터 관련 장비개발과 산업발전에 필요한 네트워크, 클라우드 관련 인프라 진흥 정책을 활발히 진행 중에 있으며, 유럽연합은 가입국가 간 협약을 통해 정보공개 창구 일원화 및 데이터 처리 기술연구에 대규모 지원을 하고 있다.

빅데이터란?

빅데이터는 말 그대로 엄청나게 거대한 데이터이다.
그러나 단순히 데이터 양만 많다고 모두 빅데이터라 부르지 않는다.
일반적으로 수십 테라바이트(terabytes) 혹은 페타바이트(peptabytes) 이상 규모의 크기(volume)에, 대용량의 데이터를 빠르게 처리하고 분석할 수 있는 속도(velocity), 아주 다양한(variety) 종류의 데이터를 갖춰야 한다. 최근에는 가치(value)나 복잡성(complexity)을 덧붙이기도 한다.

우리나라의 경우, 선진국에 비하여 빅데이터를 구축하는 인프라가 아직 완전히 구축되지 않은 상태이다. 하지만 빅데이터에 대한 중요성은 잘 알고 있기 때문에 많은 비용을 투입하여 이에 대한 인프라를 구축하고 있다.

오늘날 빅데이터는 우리 생활 거의 모든 곳에서 이용되고 있다고 해도 과언이 아니다. 그 중에서도 빅데이터를 이용하는 가장 대표적인 분야는 역시 금융 분야이다. 빅데이터를 이용한 신용 리스크 관리로 고객 맞춤별 합리적인 손실 예측이 산출돼 위기상황별 리스크 변화를 예측해준다. 이를테면 은행에서 대출을 받고 싶다면 빅데이터를 이용하여 순식간에 대출이 가능한지 여부를 확인할 수 있다. 또 해외 금융권의 경우 금융 거래 내역을 분석해 금융사기 방지 프로그램을 운영하고 있다. 금융 분야에서의 또 다른 이용으로 로보 어드바이저(Robo Advisor)를 들 수 있다. 로보 어드바이저는 로봇과 투자전문가의 합성어로 고도화된 알고리즘과 빅데이터를 통해 고객 맞춤형 투자 자문을 해준다. 현재 로보 어드바이저는 금융시장에 대한 뉴스를 작성할 수 있고, 투자성향을 분석하여 개인적인 투자에 대하여 자문을 해주며, 주식시장을 예측하여 사야 할 주식과 팔 주식을 추천하고 있다.

빅데이터는 유통 분야에서도 이용되고 있다. 이를테면 계절의 영향을 받는 상품의 수요를 예측해 사전에 적정 수요량을 논의하는 데 쓰이고 있고, 월마트나 구글에서는 검색 엔진의 키워드를 분석하여 매장 내 상품 진열에 활용하여 매출 성과를 올리는 데 활용되고 있다.

서비스 분야에서는 빅데이터를 이용하여 연료 소모량을 예측하고 있다. 즉, 선박 및 항공기 운항 횟수 및 소비되는 연료량을 과거 운항 데이터를 기반으로 예측하여 유류 값이 가장 저렴한 시점, 최적의 시점에 구매할 수 있도록 예측해주고 있다. 또 비행기 이륙 전, 조종사가 빅데이터를 활용해 기내의 이상 유무를 빠르게 체크 가능할 뿐만 아니라, 운항 중에도 비행기 상태 및 주변 상황을 조종사에게 알려줄 수 있어 사고를 최대한 막을 수 있다.

빅데이터는 공공 분야에서도 이용되고 있다. 이를테면 경제지표와 예산의 연관성을 파악해 예측 값으로 적정 예산을 결정하는 데 이용되고 있다. 또 각 세대의 소득, 소비 재산 등의 정보를 기반으로 군집분석과 회귀분석 알고리즘을 활용하여 세대의 소득 예측에 이용되고 있다. 특히 뉴욕 경찰국은 빅데이터를 기반으로 한 범죄 감시 프로그

빅데이터는 데이터에 관한 것이 아니다!
데이터는 많고 구하기 쉽지만 실제 가치는 데이터 분석에 있다.
– 개리 킹(Gary King, Harvard University)

빅데이터의 다양한 활용

- 서울시의 심야버스 노선
- 구글의 자동번역 시스템
- 온라인 쇼핑 아마존의 도서 추천 시스템
- 넷플릭스의 영화 추천 시스템
- 자라의 최신 유행 트렌드에 맞춰 패스트패션 창출
- 미국 연방수사국(FBI)의 DNA 색인 시스템

램(shot spotter)을 운영하고 있다. 이 프로그램은 범죄 발생시 디테일한 분석이 가능해 총격 범죄사건 해결에 획기적인 도움을 주고 있다고 한다.

이밖에도 빅데이터는 제조, 통신, 의료 등 거의 모든 분야에서 이용되고 있다. 즉, 빅데이터로 교통상황 파악, 사람의 밀집 상태에 따른 난방 시스템 자동조율, 지진예측, 행성경로 예측, 날씨예측, 암소의 인공수정 시기 예측 등을 알 수 있다. 하지만 데이터는 데이터일 뿐이다. 이를 이용하여 부가가치를 창출하는 전문가가 있어야만 빅데이터는 우리의 삶의 질을 높여줄 수 있다. 따라서 빅데이터 전문가는 현재는 물론이고 먼 미래에도 각광받는 직업이 될 것이 분명하다.

★ 자료와 정보를 잘 정리한다

우리에게 주어진 문제를 해결하기 위한 기본 단계는 문제에 대한 자료를 모으는 것이다. 이때 수집한 자료는 검색하기 쉽게 잘 정리해 놓아야 필요할 때마다 다시 사용할 수 있다. 가장 먼저 수집되는 자료는 문제의 원인에 해당하는 것이 대다수이고 정량적이지 않아서 수치로 표현하기 어렵다.

이를테면 '아침에 학교에 간다.'라는 일을 처리하는 흐름과 관련된 내용의 자료를 수집하는 경우를 생각해 보자. 아침에 학교에 가기 위해서 해야 할 일은 무엇일까? 세수하기, 이 닦기, 밥 먹기, 머리 감기 등이 있는데, 이런 일은 모두 아침에 학교에 가기 위하여 필요한 자료에 해당한다. 그렇지만 친구에게 전화해서 수다를 떤다든지, 쇼핑을 간다든지 하는 일은 아침에 학교에 가기 위하여 필요한 작업은 아니다. 즉 이런 작업은 아침에 학교에 가는 데 필요하지 않은 자료이다. 그래서 수집된 자료가 정확한지 아닌지 판단하는 것도 매우 중요하다. 문제를 해결하기 위하여 수집된 자료가 정확하지 않다면 이런 자료를 이용하여 해결된 문제의 결과도 신뢰할 수 없다.

해결해야 할 문제에 알맞은 자료를 수집했다면 이제는 수집된 자료를 잘 배열하는 것이 필요하다. 영희와 철수는 아침에 학교에 가기 위하여 다음과 같은 순서로 준비한다고 해보자.

영희 : ❶ 아침 먹기 ❷ 이 닦기 ❸ 옷 입기 ❹ 세수하기 ❺ 머리 감기
❻ 젖은 옷 갈아입기

철수 : ❶ 머리 감기 ❷ 세수하기 ❸ 아침 먹기 ❹ 이 닦기 ❺ 옷 입기

아침에 학교에 가기 위하여 영희처럼 준비한다면 갈아입지 않아도 되는 옷을 갈아입어야 하기 때문에 불필요한 작업을 하게 된다. 대개는 철수처럼 준비하고 집을 나설 것이다. 이처럼 어떤 일을 할 때는 그 일에 필요한 자료를 수집하고, 수집된 자료를 순서에 맞게 실행하는 것이 필요하다. 일반적으로 이런 유형의 자료들을 '작업흐름'이라고 하는데, 영어로는 프로세스(process)이다. 즉, 소프트웨어를 개발할 때 프로세스라고 하는 것은 자료를 처리하는 작업흐름을 의미한다. 작업흐름은 일반적으로 흐름도 또는 순서도로 간략하게 표현할 수 있다. 순서도에 대해서는 뒤에서 자세히 다룰 것이다.

앞에서와 같이 문제를 해결하기 위해 수집된 자료를 컴퓨터가 모두 이해하는 것은 아니다. 현재 우리가 사용하고 있는 컴퓨터는 정해진 규칙으로 만들어진 자료만 이해할 수 있다. 즉, 컴퓨터는 우리가 일정한 규칙으로 이루어진 자료나 정보를 입력하면 입력된 정보를 처리하고, 요청한 내용을 처리해 결과를 출력하거나 모니터에 표시한다. 그래서 자료와 정보를 일정한 규칙에 따라 구조화해야 한다.

자료나 정보의 구조화는 전달하려고 하는 정보의 내용 요소들을 정리 및 배열하여 통일된 조직으로 만드는 과정이다. 내용 요소들을 어떻게 정리하고 배열하느냐에 따라 여러 가지 방법이 있을 수 있다. 그

Hurry
UP

러나 보통 정보를 구조화할 때는 표와 그래프를 이용하는 두 가지 방법이 가장 대표적이다. 이를테면 '영희와 철수는 남매'라는 정보로부터 '철수', '영희', '남매'라는 내용요소를 얻을 수 있고, 이들을 다음과 같이 표와 그래프로 나타낼 수 있다.

사람	관계
영희	남매
철수	

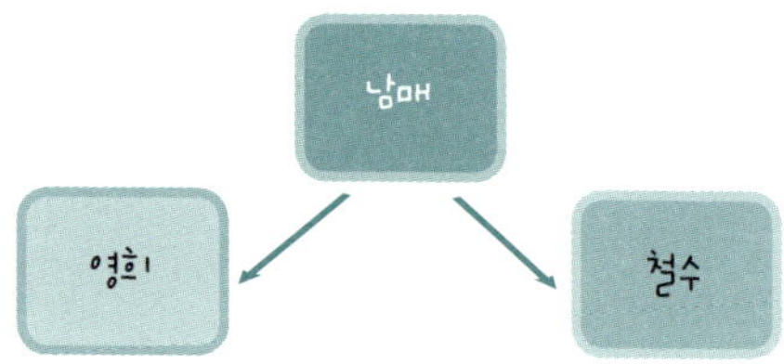

그런데 구조화가 잘된 정보는 잘 정리된 정보와 같지만 구조화가 잘못된 정보는 그 의미를 쉽게 파악하기 어렵거나 의미 전달이 잘못될 수 있기 때문에 정보를 구조화할 때는 조심해야 한다. 구조화된 정보는 내용요소가 가지는 정보의 내용에 내용요소들의 위치나 관계선, 모양 등으로 전달되는 구조적 의미가 더해져 정보의 의미를 표현한다. 또 정보의 구조는 체계적인 정보관리를 가능하게 한다. 사실 정보의 구조화는 흔히 우리가 방학계획표나 시험을 대비한 시험공부 계획을 세우는 것과 같다.

정보를 구조화하기 위해서는 다음과 같은 과정을 거쳐야 한다.

❶ 정보 파악 : 주어진 정보에 어떤 내용이 있는지 파악한다.

❷ 내용요소 추출 : 문제를 해결하기 위해 꼭 필요한 정보의 내용요소를 뽑아낸다.

❸ 내용요소 분류 및 정리 : 뽑아낸 내용요소를 성질이 비슷한 것끼리

분류하여 정리한다.

❹ 다양한 형태의 구조화 : 정리된 내용요소 간의 관계를 체계적으로 정리하여 정보의 의미를 표현할 수 있는 형태로 만든다.

예를 들어 시험공부 계획을 두 가지로 구조화해보자. 우선 정보 파악을 위하여 오늘 공부해야 할 과목과 내용을 파악해야 한다. 그리고 하루 동안 공부 계획에 대한 내용요소를 추출한다. 이를 테면, 수학과 국어의 시험공부를 하는데 수학은 9~11시에 교과서와 자습서로 2단원 내용정리를 하고, 11~12시에 문제집에서 2단원을 문제풀기를 한다. 국어는 14~15시에 교과서와 듣기 평가를 하고 15~17시에 자습서로 1단원 내용정리를 하고 문제집으로 기출문제를 공부한다고 하자. 그러면 다음과 같이 내용요소를 분류하고 정리할 수 있다.

과목	공부시간	교재	공부 내용
수학	9~11시	교과서	2단원 내용정리
국어	11~12시	자습서	2단원 문제풀기
	14~15시	문제집	듣기 평가
	15~17시		1단원 내용정리
			기출문제

위와 같이 분류되고 정리된 정보는 내용요소에 따라 다음과 같이 표와 그래프로 나타낼 수 있다.

과목	공부시간	교재	공부내용
수학	9~11시	교과서, 자습서	2단원 내용정리
	11~12시	문제집	2단원 문제풀기
국어	14~15시	교과서	듣기 평가
	15~17	자습서	1단원 내용정리
		문제집	기출문제

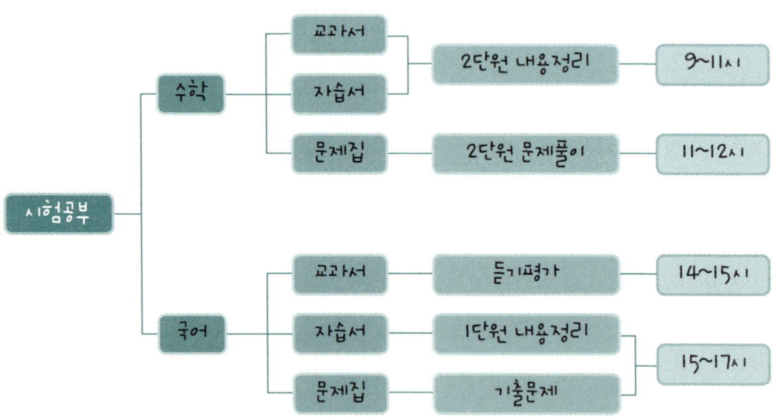

정보를 구조화하는 방법은 크게 선형, 계층형, 표, 그래프형의 4가지로 나눌 수 있다. 이중에서 **선형 구조**는 정보를 표현하는 내용요소를 순차적으로 나열하여 정보의 의미를 전달하는 구조이다. 이 구조는 가장 쉽고 빠르게 정보를 표현할 수 있지만 내용요소 사이에 관계가 복잡하면 체계적인 정보관리가 어렵게 된다.

선형 구조의 예로는 줄서기, 음식 조리법, 문자 정보, 엘리베이터의 층수, 오늘 해야 할 일, 이름과 전화번호가 있는 연락망 등이 있다.

★★★ 선형 구조

계층형 구조는 정보를 표현하는 내용요소를 수준별로 분류하여 정보의 의미를 전달하는 구조이다. 이 구조는 조직의 계층구조나 사물을 분류하여 세부적인 구성요소를 보여주고 관리할 때 이용하면 편리하다.

계층구조의 예로는 회사의 조직도, 학생회 조직도, 마인드맵, 웹사이트 안내 등이 있다.

★★★ 계층형 구조

표는 정보를 표현하는 내용요소를 서로 다른 두 기준인 세로축과 가로축으로 분해하여 정보의 의미를 전달하는 구조이다. 이 구조는 중복되는 내용요소를 축으로 정리하여 효율적으로 정보를 표현하고 관리할 때 이용하면 편리하다.

표 구조의 예로는 수업시간표, 아파트 주민표시, 비상 연락망, 상품에 대한 가격 비교표 등이 있다.

★★★ 표 구조

주간 강의시간표	
1교시	09:00 ~ 09:50
2교시	09:55 ~ 10:45
3교시	10:55 ~ 11:45
점심시간	11:45 ~ 12:45
4교시	12:45 ~ 13:35
5교시	13:40 ~ 14:40

그래프형은 정보를 표현하는 내용요소 사이의 상호관계를 선으로 연결하여 정보의 의미를 전달하는 구조이다. 이 구조는 단순히 연결되는 내용요소 사이의 연관성만 나타내는 것일 뿐 내용요소의 순서나 계층의 의미를 포함하지는 않는다. 또 연결선을 화살표로 나타내어 내용요소의 방향성을 나타내거나, 선의 길이에 따라 내용요소 사이의 거리 정보를 포함하기도 한다. 그래프형 구조에는 버스나 전철 노선도와 지도 등이 있다.

★★★ 그래프 구조

위와 같은 정보의 구조화는 건물을 짓는 설계도와 같다. 어떤 문제를 해결하기 위하여 컴퓨터를 이용할 때, 프로그램 설계자는 구조화된 정보로부터 문제를 해결할 수 있는 프로그램을 만들게 된다.

★ 자료를 규칙에 따라 정리한다

4차 산업혁명 시대의 핵심인 인공지능은 말 그대로 사람의 지능처럼 컴퓨터가 스스로 배우고 생각해서 빠르게 일을 처리할 수 있는 소프트웨어 중심의 컴퓨터이다. 우리는 어떤 지식이나 정보를 얻고 배우기 위하여 학교에 다니지만, 인공지능이 스스로 배울 수 있게 만들려면 사람과 달리 학교에 보내서 가르칠 수 없다. 컴퓨터가 잘 이해할 수 있는 자료를 만들어서 컴퓨터의 기억장치에 넣어주어야 한다. 이때 자료가 엉망으로 흩어져 있다면 컴퓨터는 이런 자료를 이해하기 어렵고, 설령 이해한다 하더라도 시간이 오래 걸릴 것이다. 따라서 자료를 어떤 규칙에 따라 잘 정리해야 한다.

자료의 정렬은 자료를 일정한 규칙에 따서 나열하는 것을 의미하며 작은 수에서 큰 수로 나열하는 오름차순과 큰 수에서 작은 수로 나열하는 내림차순이 있다. 이를테면 휴대전화의 연락처를 이름으로 정렬할 때, 이름을 추가한 날을 기준으로 나열한다면 나중에 전화를 하려면 처음부터 원하는 사람의 이름을 찾아야 한다. 그렇지만 이름을 '가나다순'으로 정렬하면, 즉 오름차순으로 정렬하면 전화번호를 쉽게 찾을 수 있다. 이처럼 우리 주변에는 한글의 '가나다순', 영문의 'ABC순', 수의 크기가 큰 순으로 나열된 예는 매우 많다. 학교에서 사용하는 출석부, 휴대전화 연락처, 인터넷 검색결과 등이 있고, 성적표에서 과목별 석차 계산이나 탐색기에서 파일을 수정한 날짜순으로 배열하는 것들이 모두 자료를 정렬한 것이다.

자료의 정렬은 크게 버블정렬과 선택정렬이 있다. 버블정렬은 인접한 2개의 자료를 비교하여 자리를 교환하여 정렬하는 방법이다. 예를 들어 4개의 수를 오름차순으로 버블정렬 하는 과정은 다음과 같다.

단계	배열	버블정렬 과정
1단계	3 1 4 2	첫 번째 수 3과 두 번째 수 1을 비교하면 첫 번째 수가 크므로 두 수를 교환한다.
	1 3 4 2	두 번째 수 3과 세 번째 수 4를 비교하면 두 번째 수가 작으므로 두 수를 교환하지 않는다.
	1 3 4 2	세 번째 수 4와 네 번째 수 2를 비교하면 세 번째 수가 크므로 두 수를 교환한다.
	1 3 2 4	네 번째 위치에 가장 큰 수 4가 저장된다. 즉, 마지막에 가장 큰 수를 저장한다.
2단계	1 3 2 4	첫 번째 수 1과 두 번째 수 3을 비교하면 첫 번째 수가 작으므로 두 수를 교환하지 않는다.
	1 3 2 4	두 번째 수 3과 세 번째 수 2를 비교하면 두 번째 수가 크므로 두 수를 교환한다.
	1 2 3 4	세 번째 위치에 두 번째로 큰 수 3이 저장된다. 즉, 세 번째 위치에 두 번째로 큰 수를 저장한다.
3단계	1 2 3 4	첫 번째 수 1과 두 번째 수 2를 비교하면 첫 번째 수가 작으므로 두 수를 교환하지 않는다.
	1 2 3 4	두 번째 위치에 세 번째로 큰 수 2가 저장된다. 즉, 두 번째 위치에 세 번째로 큰 수를 저장한다.
정렬 완료	1 2 3 4	실행이 종료된다.

한편, 선택정렬은 먼저 정렬되지 않은 자료의 첫 번째 위치를 기준으로 위치를 정하고 나머지 자료들 중 가장 작거나 큰 자료를 찾아서 기준 위치에 있는 자료와 비교하여 교환하거나 교환하지 않는 방법이다. 즉, 기준 위치에 있는 값과 교환할 때에는 서로 값의 크기를 비교한 후 교환한다. 예를 들어 4개의 수를 오름차순으로 선택정렬하는 과정은 다음과 같다.

단계	배열	선택정렬 과정
1단계	3 1 4 2	첫 번째 수 3을 기준 위치로 정한다.
	3 1 4 2 3 1 4 2	나머지 수 1, 4, 2를 순차적으로 3과 비교한다.
	1 3 4 2	가장 작은 수 1을 찾아 기준 위치에 있는 첫 번째 수 3과 교환한다.
2단계	1 3 4 2	두 번째 수 3을 기준 위치로 정한다.
	1 3 4 2	나머지 수 4, 2를 순차적으로 3과 비교한다.
	1 2 4 3	가장 작은 수 2를 찾아 기준 위치에 있는 두 번째 수 3과 교환한다.
3단계	1 2 4 3	세 번째 수 4를 기준 위치로 정한다. 세 번째 수를 나머지 수 3과 비교한다.
	1 2 3 4	가장 작은 수 3과 기준 위치에 있는 세 번째 수 4를 교환한다.
정렬 완료	1 2 3 4	실행이 종료된다.

두 정렬은 본래 자료에서 아직 정렬되지 않은 자료들의 크기를 하나씩 줄여 나가는 공통점이 있다.

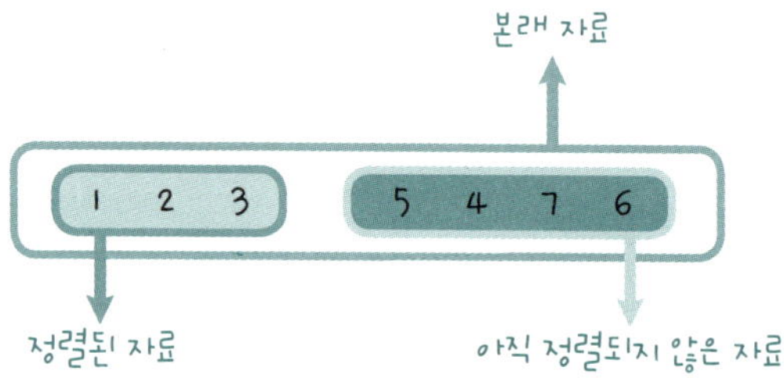

만약 내림차순으로 정렬된 자료를 오름차순으로 정렬하면 버블정렬과 선택정렬의 비교횟수는 같지만 선택정렬이 버블정렬보다 교환횟수가 적기 때문에 선택정렬의 정렬 속도가 더 빠르다. 또 버블정렬은 알고리즘이 수행을 시작할 때나 중간 자료들이 이미 정렬된 상태라고 하더라도 끝까지 무의미한 반복을 계속한다. 하지만 선택정렬은 비교해야 하는 자료를 다 비교하기 전에는 교환이 일어나지 않아 버블정렬보다 정렬 속도가 빠르다. 그러나 자료의 종류와 상황에 따라 버블정렬과 선택정렬을 적절하게 택해야 한다.

★ 원하는 자료를 빠르게 찾는 방법을 생각한다

앞에서와 같은 방법으로 정리된 자료로부터 문제해결에 필요한 중심적인 자료를 찾기 쉬운 알고리즘을 구성해야 컴퓨터가 빠른 시간에 처리할 수 있다. 예를 들어 회원이 10만 명인 어느 모임에서 회원의 이름을 가나다순으로 정리한 회원명부가 있다고 가정해 보자. 회원명부에서 '백두산'이라는 사람의 전화번호를 찾는다면 어떻게 하는 것이 좋을까? 회원명부의 처음부터 '백'으로 시작되는 이름이 나올 때까지 페이지를 한 장씩 차례대로 넘기면서 찾는 방법이 있다. 하지만 이런 방법은 정확하기는 하겠지만 시간이 오래 걸린다. 또 다른 방법은 가나다순이라면 회원명부의 $\frac{2}{3}$쯤에 'ㅂ'으로 시작되는 이름이 있을 것이기 때문에 회원명부 두께의 $\frac{2}{3}$쯤 되는 부분을 펼치는 것이다. 그러면 처음의 방법보다는 불필요한 검색을 하지 않아도 되므로 훨씬 빨리 '백두산'의 전화번호를 찾을 수 있다. 이런 방법은 사전에서 영어단어를 찾을 때도 마찬가지이다. 찾으려는 단어가 M으로 시작한다면 마찬가지로 사전의 중간부터 펼치면 된다.

위와 같은 문제를 탐색문제라고 한다. 그리고 위에서 들었던 모든 경우에 이진탐색이라고 하는 알고리즘을 사용할 수 있다. 탐색이란 여러 개의 자료 중에서 원하는 자료를 찾아내는 것을 의미한다. 문제해결에 많이 사용되는 작업으로 자료들이 정렬되어 있으면 탐색을 좀 더 쉽게 할 수 있다. 이와 같은 탐색에는 순차탐색과 이진탐색을 포함하여 여러 가지가 있으며, 여기서는 순차탐색과 이진탐색에 대하여 알아보자.

순차탐색은 찾으려고 하는 자료를 처음부터 차례대로 비교하는 탐색방법이다. 그래서 순차탐색의 경우에 탐색 대상이 되는 모든 자료는 정렬되어 있지 않아도 된다. 이 탐색 방법은 자료의 수가 적고 색인표가 없는 책에서 원하는 단어를 찾을 때 사용한다. 그러나 자료의 수가 많으면 시간이 많이 걸린다.

예를 들어 1, 2, 3, 4, 5, 6에서 5를 순차탐색으로 찾는 경우, 차례대로 1, 2, 3, 4까지 비교한 후 다섯 번째에서 5와 비교한다. 따라서 다섯 번째 단계에서 멈추면 되는 것이 순차탐색이다. 또 다른 예로, 피보나치수열의 10개의 항 1, 1, 2, 3, 5, 8, 13, 21, 34, 55에서 21을 순차탐색하는 과정은 다음과 같다.

탐색하기 전 수열	1, 1, 2, 3, 5, 8, 13, 21, 34, 55	
1단계	1, 1, 2, 3, 5, 8, 13, 21, 34, 55	다음 값으로 이동
2단계	1, 1, 2, 3, 5, 8, 13, 21, 34, 55	다음 값으로 이동
3단계	1, 1, 2, 3, 5, 8, 13, 21, 34, 55	다음 값으로 이동
4단계	1, 1, 2, 3, 5, 8, 13, 21, 34, 55	다음 값으로 이동
5단계	1, 1, 2, 3, 5, 8, 13, 21, 34, 55	다음 값으로 이동

6단계	1, 1, 2, 3, 5, 8, 13, 21, 34, 55	다음 값으로 이동
7단계	1, 1, 2, 3, 5, 8, 13, 21, 34, 55	다음 값으로 이동
8단계	1, 1, 2, 3, 5, 8, 13, 21, 34, 55	찾는 수가 8번째 수 21과 동일하므로 탐색을 종료한다.

이진탐색은 찾으려고 하는 자료를 중간부터 탐색한다. 즉, 자료가 정렬되어 있을 때, 중앙에 있는 값을 기준으로 왼쪽과 오른쪽 자료를 비교하면서 탐색하는 방법이다. 찾는 값이 중앙값보다 작으면 중앙값의 왼쪽에서, 중앙값보다 크면 중앙값의 오른쪽에서 찾는 과정을 반복하는 방법이다. 이진탐색은 자료들이 정렬되어 있을 경우 가장 적당한 방법으로 순차탐색보다 탐색 시간이 적게 걸린다. 하지만 자료가 일부만 정렬되어 있어도 검색은 불가능하다. 예를 들어 피보나치 수열의 10개의 항 1, 1, 2, 3, 5, 8, 13, 21, 34, 55에서 21을 이진탐색을 하는 과정은 다음과 같다.

탐색하기 전 수열	1, 1, 2, 3, 5, 8, 13, 21, 34, 55	
1단계	1, 1, 2, 3, 5, 8, 13, 21, 34, 55	8보다 오른쪽에 있는 자료들 탐색
2단계	1, 1, 2, 3, 5, 8, 13, 21, 34, 55	나머지 자료의 가운데 21을 탐색
3단계	1, 1, 2, 3, 5, 8, 13, 21, 34, 55	탐색 종료

1부터 100까지 수를 나열한 후에 57이라는 수를 찾는 탐색 방법을 위의 두 가지 경우로 다시 한 번 생각해 보자. 만약 1부터 순차 탐색을 한다면 57단계까지 가야 원하는 수를 찾을 수 있다. 그런데 이진 탐색의 경우는 100개의 수의 중간인 50부터 탐색을 시작한다. 그런데 찾으려는 수 57보다 50이 작으므로 1부터 50까지 수는 답이 아니라는 것을 알 수 있다. 그래서 남은 51부터 100까지의 중간에 속하는 75로 추측해 본다. 이번에는 75가 크다는 것을 알았으므로 앞에서와 마찬가지로 이 수보다 같거나 큰 수들은 제외할 수 있다. 이진탐색에서는 매번 남은 수의 가운데 수를 말하고 대답에 따라 그보다 큰 수 또는 작은 수를 한꺼번에 없앨 수 있다. 다음으로 50과 75의 중간에 해당하는 63이 정답인지 추측해 본다. 그런데 이 수도 크므로 다시 50과 63의 중간에 해당하는 57을 추측하면 우리가 원하는 답을 찾을 수 있다. 그러면 순차 탐색에서 57번 걸리던 단계가 이진탐색에서는 4단계에 원하는 답을 찾을 수 있다.

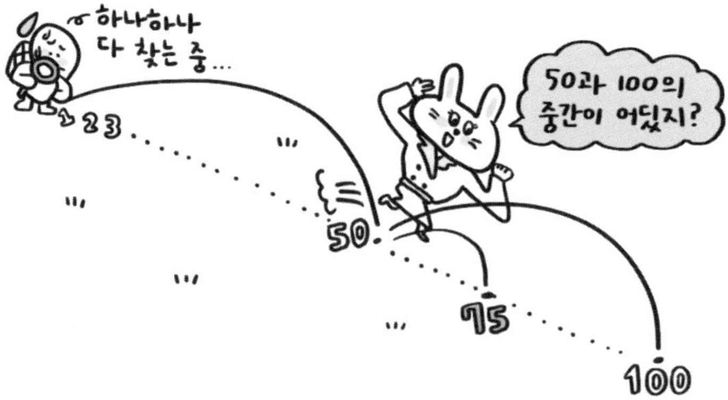

또 다른 예로 240,000개의 단어를 찾을 수 있는 사전이 있다고 가정해 보자. 이 사전에서 단어를 찾을 때 순차탐색과 이진탐색을 사용한다면 순차탐색의 경우 최대 240,000번 추측해야 한다. 이를테면 어떤 단어를 찾으려 하는데 그 단어가 사전의 제일 끝에 실려 있다면 순차탐색으로는 240,000번 추측해야 한다. 하지만 이진탐색으로는 한 번에 남은 단어의 절반을 제외시킬 수 있다. 따라서 다음 그림과 같이 18번 만에 정답을 찾을 수 있다.

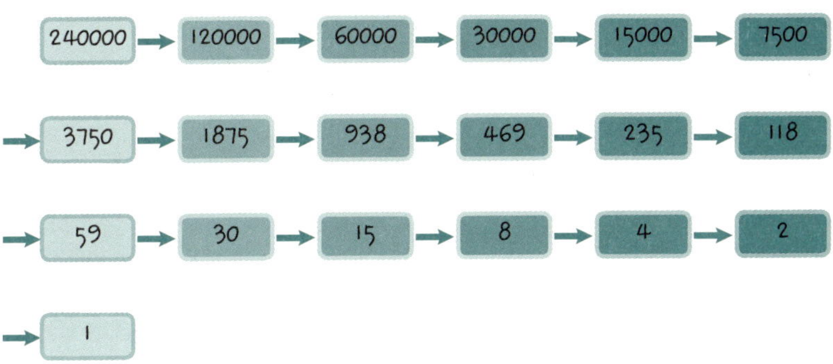

실제로 n개의 원소를 가진 리스트에서 순차탐색은 최대 n번의 탐색이 필요할 수도 있지만, 이진탐색은 최대 $\log_2 n$번 만에 답을 찾을 수 있다.

잠깐, 갑자기 로그가 나와서 당황했을 수 있다. 컴퓨터에서는 로그(log)를 자주 사용하므로 여기서 잠깐 $\log_2 n$에 대하여 간단히 알아보자. 로그는 고등학교 때 배우는 것으로 간략하게나마 설명하면 '제곱해서 a가 되는 수가 무엇이지?' 하는 궁금증에서 출발한다. 즉 $x^2=a$인 x는 무엇일까?

예를 들어 2를 3번 곱하면 8인데, 이것을 간단히 $2^3=8$로 나타낸다. 이것을 거꾸로 생각하여 '2를 몇 번 곱해야 8이 될까?'를 간단히 $\log_2 8=3$으로 나타낸다. 로그의 원리는 곱셈을 덧셈으로 변환시킴으로써 매우 큰 수의 복잡한 계산을 단순화하는 방법이다. 일반적으로 로그는 다음과 같이 정의한다.

$a>0$, $a\neq 1$일 때, 양수 N에 대하여

$$a^x=N$$

을 만족시키는 실수 x는 오직 하나 존재한다. 이 수 x를

$$\log_a N$$

으로 나타내고, a를 밑으로 하는 N의 로그라고 한다.

이때 N을 $\log_a N$의 진수라고 한다.

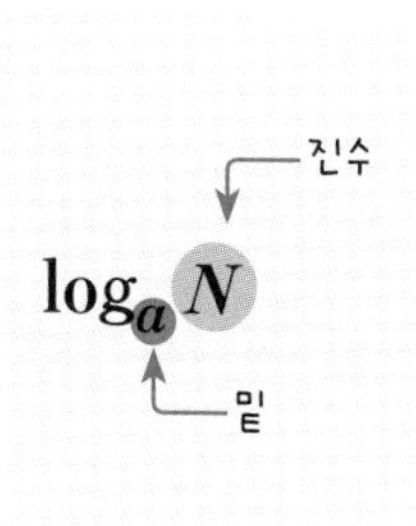

이를테면

$$2^3=8 \iff 3=\log_2 8$$

이고,

$$2^{-2}=\frac{1}{4} \iff -2=\log_2 \frac{1}{4}$$

다시 자료 검색으로 돌아오면 탐색해야 할 원소가 1,024개이면 $1024=2^{10}$, 즉 $\log_2 1024=10$이므로 10개만 확인하면 원하는 자료를 찾을 수 있다.

앞에서 살펴본 것과 같이 순차탐색과 이진탐색은 각기 다음과 같은 장단점이 있다. 따라서 두 탐색 방법의 장단점을 정확히 파악하여 적당한 탐색 방법을 선택하도록 한다.

	순차탐색	이진탐색
장점	• 탐색 방법이 가장 단순하며, 이해하기 쉽다. • 자료가 정렬되어 있지 않아도 탐색할 수 있다.	• 검색의 범위를 반으로 줄이고 좁혀 가기 때문에 자료의 개수가 많아도 효율적이다. • 원하는 자료를 순차 탐색보다 빠르게 찾을 수 있다.
단점	• 자료의 양이 많거나 탐색을 빨리 해야 할 경우에 적당하지 않다. • 처음부터 원하는 자료를 찾을 때까지 검색해야 하므로 탐색 시간이 많이 걸린다.	• 자료를 미리 정렬해야 한다. • 자료를 정렬한 후에 탐색이 가능하므로 순차 탐색에 비해 복잡하다.

문제를 해결해보자

먼저 문제가 무엇인지 이해한다

이미 수학에서 배우고 있다

복잡한 문제를 작은 문제로 나눈다

컴퓨터로 문제를 해결한다

★ 먼저 문제가 무엇인지 이해한다

보통 '문제'라고 하면 어딘지 모르게 부정적인 느낌이 있다. 하지만 우리가 일상생활을 하며 불편한 것이나, 무심코 반복하던 기존의 방식을 바꾸고 싶거나, 또는 지금까지 시도하지 않았던 획기적인 아이디어가 떠올랐다면 이 모두를 '문제'라고 할 수 있다. 이런 문제에는 다음과 같이 여러 가지가 있다.

- 우리 집에서 학교까지 가장 안전하게 가는 방법은 무엇일까?
- 마트에서 현재 가지고 있는 돈으로 살 수 있는 물건은 무엇일까?
- 점심으로 무엇을 먹을까?
- 회사에서 실시한 설문지를 가장 빠르게 모으는 방법은 무엇일까?
- 일기예보에서 오늘 오후에 비가 온다고 했는데, 우산을 가져가야 할까?
- 제주도로 여행을 가려고 하는데, 어떤 교통편을 이용할까?
- 편의점에 매일 입고되는 물품은 무엇일까?

이와 같은 문제를 해결하기 위한 방법이나 행동을 '문제 해결'이라고 한다. 문제 해결은 수학에서 주어진 어떤 연습문제를 푼다는 것과는 다른 말이다. 연습문제의 답을 얻기 위하여 우리는 일상적인 과정을 쓰는 경우가 많지만 문제 해결을 위해서는 그 문제에 합당한 의문을 제기하고, 재점검하고, 새로운 아이디어를 생각해 내야 한다. 이 아이디어는 종종 지금까지 어디에도 없었던 전혀 새로운 것이기도 하다.

사실 연습문제는 우리가 해결하려고 하는 실생활 문제의 수학적 표현이다. 따라서 연습문제를 잘 풀면 실생활 문제도 잘 해결할 수 있다. 그리고 연습문제의 풀이로써 배울 수 있는 것은 개념, 성질, 과정 등이며, 이것은 나중에 실제 문제해결력의 바탕이 된다. 그런데 어떤 문제가 문제해결이냐 아니면 연습문제 풀이냐 하는 것은 문제를 푸는 사람에 따라 달라진다. 이를테면 3×5가 얼마냐 하는 문제는 유치원생에게는 어려운 문제해결일 수 있지만 초등학생에게는 15라는 단순한 연습문제에 불과하다.

따라서 문제를 해결하기 위해서는 주어진 문제의 이해부터 해결할 계획 등을 잘 수립해야 하는데, 일반적으로 문제해결 과정을 다음과 같이 간단히 나타낼 수 있다.

1단계 문제분석 및 표현 → 2단계 문제해결 방법 찾기 → 3단계 실행 → 4단계 평가

문제해결의 4단계

❶ 문제 분석 및 표현: 문제를 구체적인 형태로 표현해 본다.

❷ 문제해결 방법 찾기: 문제를 해결하기 위한 여러 가지 방법을 찾는다.

❸ 계획의 실행: 문제해결 방법 중 최적의 것을 선택한다.

❹ 반성: 제대로 해결되었는지 평가한다.

문제 분석 및 표현 단계에서는 주어진 문제에서 요구하는 것이 무엇인지 찾기 위해 제시된 문제를 분석하고, 주어진 문제를 발견하고 정확히 분석하였다면 분석한 문제를 구체적인 형태로 표현해 본다. 이 단계는 '문제의 이해'라고도 할 수 있다. 문제해결 방법 찾기 단계에서는 문제를 해결하기 위한 여러 가지 방법을 찾아낸다. 이때 경우에 따라서 문제해결 방법은 한 가지이기도 하고 여러 가지이기도 하다. 따라서 문제해결 방법이 어떤 것이냐에 따라 문제를 해결하는 속도와 정확성에 많은 차이가 있을 수 있다. 이 단계는 '문제해결의 계획'이라고 할 수 있다. 실행 단계에서는 여러 가지 문제해결 방법 중 최적의 해결 방법을 선택하여 실행한다. 이 단계는 '계획의 실행'이라고 할 수 있다. 마지막으로 평가 단계에서는 문제 해결이 바르게 되었는지 확인한다. 이 단계는 '반성'이라고 할 수 있다.

앞에서 제시한 문제해결 4단계의 단계별 방법을 좀 더 구체적으로 제시하면 다음과 같다.

1단계인 '문제 분석 및 표현'에는 다음과 같은 방법이 있다.

- 문제의 말은 모두 이해했는가?
- 주어진 조건이 무엇인지 아는가?
- 도달해야 할 목표가 무엇인지 아는가?
- 문제에서 제시한 정보는 충분한가?
- 문제를 해결하는데 불필요한 정보는 없는가?
- 유사한 문제를 본 적이 있는가?

2단계인 '문제해결 방법 찾기'에서는 다음 중 어느 것을 문제해결의 전략으로 할 수 있는지 생각해야 한다.

3단계인 '실행'에서는 다음과 같이 실행할 수 있다.

- 문제가 풀릴 때까지 또는 다른 방도가 생길 때까지 선택한 전략을 수행한다.
- 충분한 시간을 투자한다. 그래도 잘 되지 않을 때에는 다른 힌트를 찾거나 문제를 잠시 덮어 둔다.

- 문제해결에 어려움을 겪는다면 새로운 전략으로 새로 시작하는 경우에 해결되는 수가 있으므로 새로 시작하는 것을 두려워하지 않는다.

마지막 단계인 '평가'에서는 다음과 같이 생각한다.

- 구한 답이 맞는가?
- 구한 답이 문제의 조건을 만족하는가?
- 보다 쉬운 풀이는 없는가?
- 구한 답을 보다 일반적인 경우로 확장할 수 있는가?

★ 이미 수학에서 배우고 있다

앞에서 알아본 일반적인 문제해결에 대한 과정은 사실 수학에서 문제를 해결하는 과정과 같다. 예를 들어 연립일차방정식으로 실생활 문제를 해결하는 수학문제를 살펴보자.

동아리방에 2명이 앉은 의자와 3명이 앉은 의자가 모두 7개 있다. 18명의 학생이 모두 빈자리가 없이 앉을 때, 2명이 앉은 의자와 3명이 앉은 의자의 수는 각각 몇 개일까?

위의 문제는 다음과 같은 단계로 풀 수 있다.

❶ 미지수 정하기

구하려는 것은 2명이 앉은 의자와 3명이 앉은 의자의 수이므로 이것을 각각 x, y로 놓자.

❷ 연립방정식 세우기

의자의 수는 7개이므로 $x+y=7$이고, 학생의 수는 18명이므로 $2x+3y=18$이다. 따라서 다음과 같은 연립일차방정식을 얻는다.

$$\begin{cases} x+y=7 & \cdots\cdots ① \\ 2x+3y=18 & \cdots\cdots ② \end{cases}$$

❸ 연립방정식 풀기

①의 양변에 3을 곱하면

$$3x+3y=21 \quad \cdots\cdots ③$$

③에서 ②를 변끼리 빼면 $x=3$

이것을 ①에 대입하면

$$3+y=7, \ y=4$$

따라서 이 연립일차방정식을 풀면 $x=3$, $y=4$이므로 2명이 앉은 의자의 수는 3개, 3명이 앉은 의자의 수는 4개이다.

❹ 확인하기

의자의 수는 3+4=7(개)이고, 학생의 수는 $2\times3+3\times4=18$(명)이므로 문제의 뜻에 맞는다.

일반적으로 미지수가 2개인 연립일차방정식의 활용 문제는 다음과 같은 순서로 풀면 편리하다.

연립일차방정식을 활용한 문제 해결 단계

❶ 미지수 정하기	문제의 뜻을 이해하고, 구하려는 것을 미지수 x, y로 놓는다.
❷ 연립방정식 세우기	문제의 뜻에 맞게 x, y에 대한 연립방정식을 세운다.
❸ 연립방정식 풀기	연립방정식을 푼다.

❹ 확인하기 구한 해가 문제의 뜻에 맞는지 확인한다.

위와 같은 연립일차방정식을 활용하여 문제를 해결하는 단계는 우리가 앞에서 설명한 문제해결 방법과 같음을 알 수 있다. 따라서 수학 문제를 잘 해결한다면 일상생활의 여러 가지 문제도 잘 해결할 수 있음을 짐작할 수 있다.

일반적으로 문제해결 과정에서 적절한 해결방법을 찾기 위하여 다양한 시도를 해야 한다. 이때 가장 많이 이용되는 것은 다음의 세 가지라고 할 수 있다.

하나, 원하는 결과가 나올 때까지 서로 다른 방법을 시도하는 방법

문제를 해결하는 단순한 방법 중 하나로 원하는 결과가 나올 때까지 서로 다른 다양한 방법을 시도한다.

둘, 복잡한 문제를 여러 가지 경우의 작은 문제로 나누어 각각의 문제를 해결하는 방법

복잡한 문제를 한꺼번에 바로 해결하지 않고 먼저 작은 문제로 나누어 각각의 문제를 해결한다.

셋, 거꾸로 문제를 해결하는 방법

문제해결 방법을 탐색하거나 오답을 만나면 이전까지 문제를 해결했던 지점으로 다시 되돌아가서 문제를 해결한다.

위의 세 가지 중에서 특히 복잡한 문제를 작은 문제로 나누는 경우는 컴퓨터를 움직이는 소프트웨어를 개발하는 방법과 같이 컴퓨터를 이용하여 어떤 문제를 해결하려면 그 문제해결에 적합한 소프트웨어가 있어야 한다. 이를테면 우리가 컴퓨터를 처음 켜면 '윈도우10'과 같은 소프트웨어가 작동하여 컴퓨터 내부의 여러 장치들을 관리하고 명령을 수행한다.

컴퓨터 화면에는 여러 가지 일을 시킬 수 있는 아이콘들이 있다. 우리가 인터넷에 접속하기 위해 바탕화면에 있는 인터넷 아이콘을 마우스로 클릭하면 프로그램이 실행되어 원하는 사이트에 바로 접속하게 된다. 이때 컴퓨터 내부에서는 상상하기 어려울 만큼 많은 일들이 순식간에 처리된다. 그런 뒤에야 우리가 원하는 사이트에 접속하게 되고, 그 사이트에 올라온 여러 가지 그림과 글자들을 화면에 보여준다.

이런 복잡한 소프트웨어는 어떻게 개발되었을까? 한 사람이 이 모든 소프트웨어를 개발하지는 않았을 것이다. 여러 명의 소프트웨어 개발자들이 자기가 맡은 분야를 개발해 모아 놓은 것이다. 이렇게 모아진 소프트웨어의 집합을 보통은 '시스템'이라고 한다. 이런 시스템을 만드는 것은 매우 어려운 일이기 때문에 사람들의 노력과 시간이 많이 필요하다. 이런 힘든 일을 해결하는 과정에 분할의 원리가 숨어 있다.

★ 복잡한 문제를 작은 문제로 나눈다

건물을 지을 때 설계도가 필요한 것과 마찬가지로 컴퓨터에게 일을 시키기 위한 프로그램을 만들 때에도 그 일을 시키는 것에 대한 설계도가 필요하다. 이때 프로그램을 만드는 사람이 설계한 내용을 말로 설명할 수도 있지만 말로만 듣고 프로그램을 만들면 시간이 지남에 따라 들은 내용을 잊거나 혹은 잘못 기억하여 프로그램을 엉뚱하게 만들 수도 있다. 더욱이 원래 해결하려던 문제와 관계없는 해결방법을 제시하는 프로그램이 완성될 수도 있다. 이런 문제가 발생하지 않게 하려면 프로그램 설계자는 어떻게 문제를 해결할지에 대한 자신의 생각을 프로그램을 개발하는 사람에게 정확하게 전달해야 한다. 그래서 먼저 설계자가 프로그램을 어떻게 구성할 것인지에 대한 구체적인 방법을 설계서에 제시하고, 그다음에 프로그램 개발자는 설계서를 바탕으로 알맞은 프로그램을 만든다.

복잡한 프로그램이라면 수백 장의 프로그램 설계서가 필요할지도 모르며, 문제를 해결하기 위한 분석가나 설계자들 여럿이 참여하여 자신들이 해야 할 영역의 설계서를 만들기도 한다. 그래도 설계서를 전부 글로 다 쓸 수 없다. 설령 모든 과정을 글로 자세히 기록한 설계서를 만들었다 하더라도 프로그램 개발자가 글로 쓴 설계서의 내용을 하나하나 읽어 가면서 프로그램을 만들어야 한다면 그것 또한 엄청나게 어려울 것이다. 그래서 생각해 낸 방법이 그림으로 설계서를 만드는 것이고, 그 가운데 가장 많이 사용되는 것이 순서도 또는 흐름도이다. 순서도 옆에 간단한 설명을 곁들이면 프로그램 개발자들이 아주 쉽게 프로그램 내용을 이해할 수 있을 것이다. 물론 설계자도 좀더 쉽게 프로그램을 설계할 수 있다.

그런데 어떤 문제를 해결하기 위하여 그리는 순서도는 우리가 내리는 명령을 수행하고 결과를 흐름으로 알려주는 것인데, 복잡하게 얽힌 문제를 해결하기 위하여 한 가지로 순서도를 구성한다면 매우 긴 그림을 얻을 것이다. 이런 긴 순서도는 일을 정확하게 처리하기는 하겠지만 한 번에 한 가지씩만 해결하며 진행되기 때문에 일이 언제 해결될지 짐작하기 어려울 것이다. 그래서 우리는 해결해야 할 큰 문제를 여러 개의 작은 문제로 나누어 조금씩 해결하는 방법을 사용하기도 한다.

생각해보자! '윈도우'를 만들기 위해 순서도를 하나만 작성해서 한 줄로 죽 늘어놓는다면 어떨까? 아마도 끝이 보이지 않을 것이고, 컴퓨터도 모든 일을 정해진 순서대로만 해야 하므로 많은 시간과 에너지가 필요할 것이다. 하지만 큰일을 각자 자기의 전문 분야로 작게 쪼개서 해결한다면 보다 쉽고 빨리 문제를 해결할 수 있다.

높은 건물을 짓는 건설 현장에서는 건물이 무너지지 않도록 땅을 깊이 파 지반을 다진다. 그러다가 커다란 바위가 나오면 바위를 파내거나 바위를 제거해야 한다. 하지만 건설장비만으로는 바위를 제거할 수 없다. 그래서 커다란 바위가 있으면 먼저 장비로 옮길 수 있도록 드릴로 구멍을 뚫어 잘게 부순다. 잘게 부서진 바윗덩어리는 중장비

문제 다 부숴버리겠어!
그 다음은 내가 처리한다!
문제를 나눠서 해결해보자!
설계서
설계서
Start
look for lost item
Did you find it?
No
Yes
Do you need it?
Yes
Stop looking
No

를 이용하여 쉽게 옮길 수 있다. 이처럼 큰 문제를 작은 문제로 만들면 좀더 쉽게 문제를 해결할 수 있는데, 이런 과정을 분할이라고 한다.

'각개격파(各個擊破)'라는 말은 '적을 따로 떼어서 무찌른다'는 뜻이다. 1805년 12월 2일 아우스터리츠 전투에서 프랑스의 황제 나폴레옹은 오스트리아-러시아 연합군과 대치하였다. 오스트리아-러시아 연합군은 나폴레옹의 군대보다 15,000명 정도 많은 군대를 동원하여 프랑스군의 우측면에 대규모 공격을 감행했다. 공격을 예상한 나폴레옹은 연합군의 중앙으로 쳐들어가, 그들의 병력을 둘로 갈라놓았다. 둘로 나눠진 병력은 개별적으로는 나폴레옹의 군대와 상대가 되지 못했기 때문에, 크게 패하고 퇴각하게 되었다. 이러한 전략은 단지 군사 분야에만 적용되는 것이 아니다. 해결해야 할 문제를 작은 부분으로 나누어 이를 각각 해결하는 방법은 문제 해결 전략 중에서 가장 기본적이고 고전적인 방법이다.

주어진 문제를 작게 나누어 각각의 작은 문제들을 해결함으로써 전체 문제를 해결하는 방법이 바로 분할법이다. 해결해야 할 문제의 최종적 해답은 작은 문제에 대한 해답을 구하고, 이를 종합함으로써 얻게 된다. 분할법의 가장 큰 장점은 한 번에 해결하기 어려운 큰 문제를 해결하기 쉬운 작은 문제 여러 개로 나누는 것이다. 하지만 모든 문제에 분할법을 적용할 수 있는 것은 아니다. 대체로 분할법을 적용할 수 있는 문제는 다음과 같은 특징을 지녀야 한다.

1) 주어진 문제보다 풀기 쉬운 작은 문제들로 나눌 수 있다.
2) 작은 문제들의 해결책을 모아 주어진 문제의 해결책을 쉽게 이끌어 낼 수 있다.

고고학 유물을 발굴할 때 쓰는 분할법
(출처: 겨레문화유산연구원 고고학체험교실 활동지)

분할법은 고고학에서도 사용되고 있는데, 특정 지역에서 유물을 발굴할 때 가장 일반적으로 사용하는 방격법(方格法)은 일종의 바둑판식 발굴법이다. 이 방법은 먼저 기준점을 설치하고 직각이 되도록 X축과 Y축을 직교시켜 기준선을 설치한다. 각 축에 일정한 간격으로 눈금을 그어 작은 정사각형 모양의 바둑판 구획을 만들고, 각 구획에 고유 명칭을 부여한다. 그리고 어떤 특정한 작은 구획에서 발굴을 시작하며, 시간이 지남에 따라 점차 모든 구획을 발굴하게 된다. 이것이 바로 분할법이다.

분할법의 가장 큰 장점은 한 번에 다루기에는 크고 어려운 문제를 작고 쉬운 문제로 나누어 해결한다는 것이다. 자동차 조립에서도 많은 부품을 하나씩 조립하는 것이 아니라 부위별로 나누어 부품들을 조립하고 이러한 부품들의 집합체를 이용하여 손쉽게 자동차를 조립할 수 있는 것이다. 초등학교 때 배웠던 큰 수의 곱셈에도 분할법의 아이디어가 숨어 있다.

예를 들어 328×53을 계산할 때, 암산으로 빠르게 결과를 내기가 쉽지 않다. 이때 다음과 같이 먼저 328에 53의 일의 자리인 3을 곱하는 것과 같이 한 자리 수의 곱셈으로 분할하여 계산하면 쉽게 할 수 있다. 328에 53을 곱할 때 먼저 328에 일의 자리 수 3을 곱하면 984이고, 328에 십의 자리 수 5를 곱하면 1640이다. 이때 5가 실제로는 50이므로 계산 결과는 16400이다. 따라서 328×53의 계산 결과는 분할하여 계산한 결과인 16400과 984를 합한 17384가 된다.

```
  328            328            328
 ×53           × 53           × 53
-------   →   -------   →   -------
  984            984            984
              1640           1640
                             -------
                             17384
```

분할법은 도형의 넓이를 구할 때도 사용된다. 예를 들어 다음과 같은 사각형의 넓이를 구해보자.

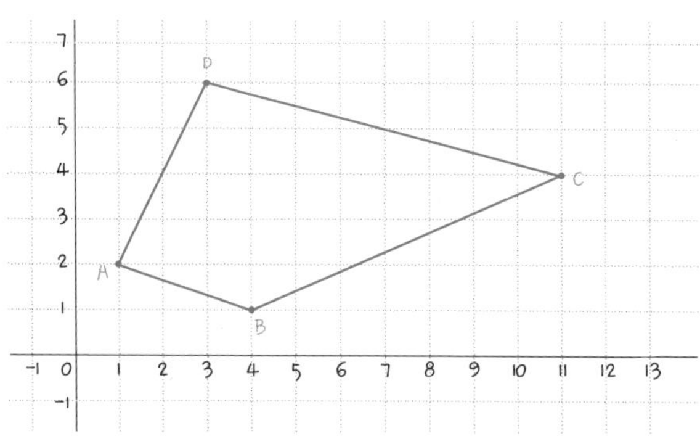

위의 그림이 주어지고 넓이를 구하라고 하면 처음에는 막막하겠지

만 차분히 생각하면 간단히 답을 구할 수 있다. 우선 주어진 사각형을 포함하는 직사각형을 그려보거나 주어진 사각형을 넓이를 구할 수 있는 다른 도형으로 나누어보자. 다음 두 그림을 잘 살펴보자. 위 그림처럼 큰 직사각형의 넓이에서 네 모퉁이의 직각삼각형의 넓이를 빼거나, 아래 그림처럼 내부를 직각삼각형과 직사각형으로 나누어 주어진 사각형의 넓이를 구할 수 있다. 이러한 방법은 주어진 사각형 또는 주어진 사각형을 포함하는 직사각형을 이용하여 구하기 쉬운 직각삼각형이나 직사각형으로 나누어 넓이를 구하고 합하는 분할법이 적용된 좋은 예이다. 이처럼 기하에서도 분할법이 적용된 많은 사례들이 있다.

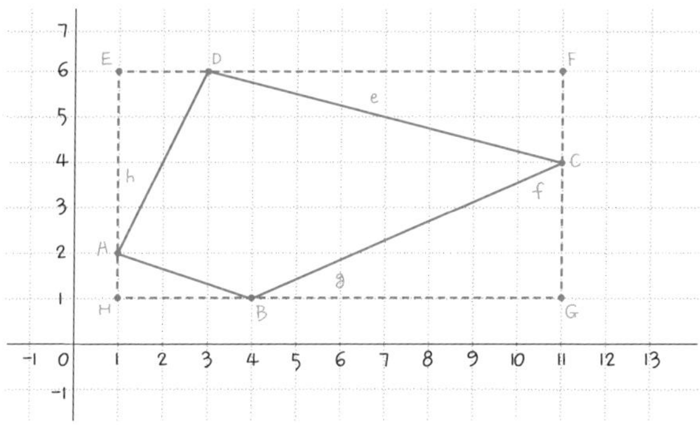

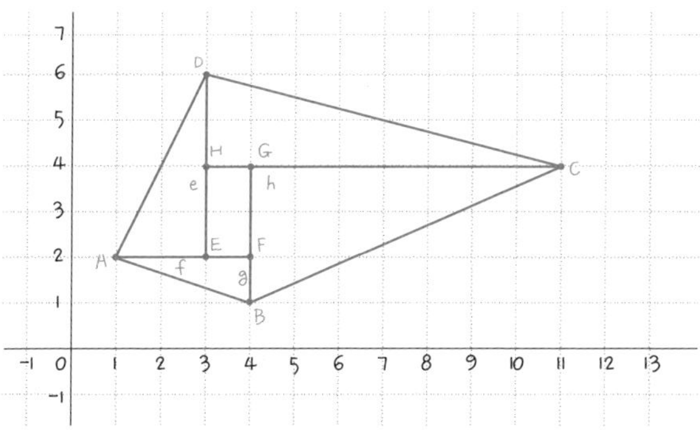

그런데 이런 분할법은 자칫하면 잘못 사용할 수 있다. 분할법을 잘못 사용한 다음과 같은 재미있는 이야기가 있다.

옛날 어느 마을에 욕심 많은 영주가 있었다. 어느 날, 한 농부가 이 영주에게 커다란 빵이 바쳤다. 영주는 빵을 단숨에 먹고 싶었지만 빵이 너무 크기 때문에 그러지 못했다. 그래서 영주는 시녀에게 빵을 베어 먹을 수 있는 크기로 자르게 한 후 조금씩 먹어 결국 큰 빵을 모두 먹었다.

다음날, 또 다른 농부가 밭에서 발견한 주먹만 한 다이아몬드를 영주에게 바쳤다. 영주는 이 다이아몬드를 가지고 다니며 자랑하고 싶었지만, 다이아몬드가 크기 때문에 들고 다니기가 불편했다. 그래서 영주는 시종에게 다이아몬드를 주머니에 들어갈 수 있는 여러 개의 작은 다이아몬드로 쪼개라고 시켰다. 그 후 영주는 작은 다이아몬드 조각을 들고 다니다가 자랑할 때가 되면 조각 다이아몬드를 붙여 보였다고 한다. 하지만 사람들은 붙여서 커다랗게 된 다이아몬드를 보고 놀라워하지 않았다.

위의 이야기에서 영주는 두 가지 다른 상황에서 같은 전략을 취하고 있다. 둘 다 다루어야 하는 대상은 커서 감당하기 힘든 상황이다. 빵의 경우 통째로 먹거나 나누어 먹어도 그 본질인 빵을 모두 먹는다는 결과에 도달한다. 하지만 다이아몬드의 경우는 그 본질인 꺼내서 자랑하는 시점에 이르면 하나의 큰 다이아몬드와 여러 개의 작은 다

이아몬드의 가치가 크게 달라진다.

분할법의 가장 중요한 본질은 '분할된 작은 문제를 해결함으로써 원래 문제 전체를 해결한다.'는 것이다. 즉, 분할법을 적용할 때의 전제는 분할된 작은 문제를 각각 해결함으로써 주어진 문제의 최종 해결이 이루어진다는 것이다. 따라서 분할법을 적용할 때, 가장 중요한 점은 작은 문제들의 해결이 쉽게 통합되어 큰 문제의 해결로 이어지도록 분할하여야 한다는 점이다. 예를 들어 건물 유리창을 세척할 때, 전체를 세척하는 것보다는 하나씩 떼어서 세척하는 것이 더 쉽다. 하지만 하나씩 떼어내거나 끼우는 수고가 건물 전체를 세척하는 것보다 훨씬 어려운 작업이라면, 이러한 접근방법은 분할법의 잘못된 적용이라 할 수 있다.

★ 컴퓨터로 문제를 해결한다

해결해야 할 문제는 보통 말이나 글로 서술된다. 이렇게 서술된 문제를 컴퓨터를 사용하여 해결하기 위해서는 우선 주어진 문제를 컴퓨터가 알아볼 수 있는 기호와 컴퓨터 언어를 사용하여 입력하고, 그 풀이를 원래의 취지에 맞도록 해석해야 한다. 이때 앞에서 설명한 문제해결 과정을 이용하면 다음 그림과 같은 순환단계를 거쳐 실생활 문제를 성공적으로 해결할 수 있을 것이다.

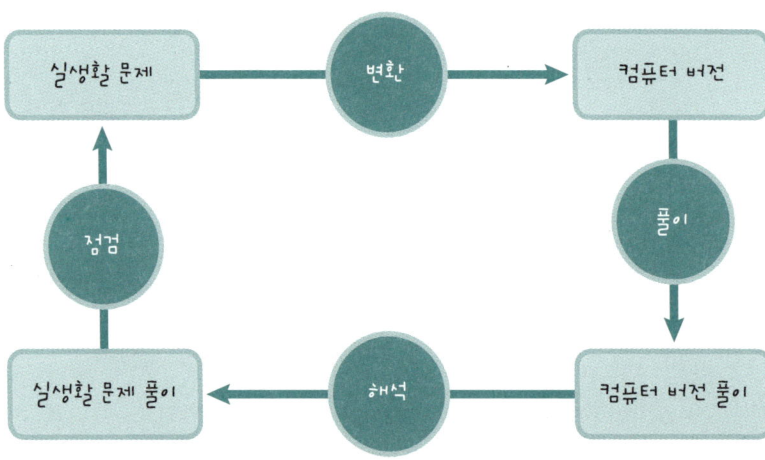

위의 그림에서 컴퓨터를 이용하여 문제를 해결하는 과정은 오른쪽의 두 과정이다. 이 과정을 좀 더 자세히 나타내면 다음과 같다.

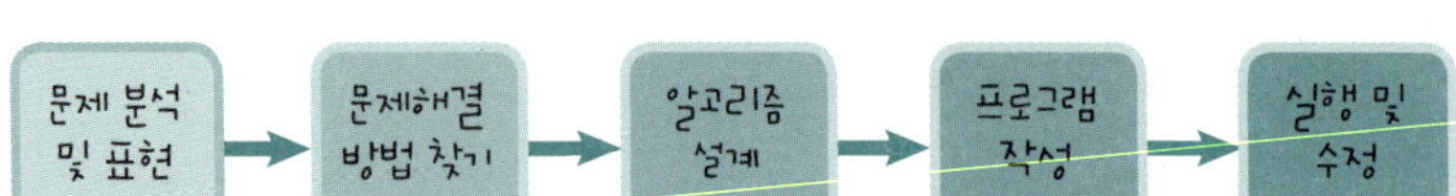

이 과정에서 문제 분석 및 표현과 문제해결 방법 찾기는 앞에서 살펴본 일반적인 문제해결 과정에서의 단계와 동일하다. 일반적인 문제해결 과정과 달리 컴퓨터를 이용하여 문제를 해결할 때 가장 중요한 과정은 바로 알고리즘과 프로그램 작성이다. 알고리즘은 문제해결 과정에서 문제해결 방법이나 절차를 알기 쉽게 기술하는 것이다. 숫자가 커지고 여러 단계의 값을 구할 때에는 컴퓨터를 이용하여 문제를 해결할 수 있도록 정확한 알고리즘 설계가 필요하다. 설계한 알고리즘은 프로그래밍 언어를 이용하여 컴퓨터가 문제를 이해할 수 있도록 프로그램을 작성한다. 마지막으로 작성된 프로그램을 컴퓨터에서 실행한 결과, 잘못된 부분이 있는지 확인한다. 이때 잘못된 부분이 있으면 다시 수정하여 실행하면 된다.

알고리즘은 문제해결 과정에서 규칙성을 찾아 논리적인 순서로 설명하거나 표현하는 문제해결 방법이나 절차 단계를 의미한다. 또 컴퓨터 프로그램에서 실행 명령어들의 순서를 의미하기도 한다. 이때 문제해결 방법이나 절차인 알고리즘을 알기 쉽게 기술하는 것을 알고리즘 설계라고 한다. 숫자가 커지고 여러 단계의 값을 구할 때에는 컴퓨터를 이용하여 문제를 해결할 수 있도록 정확한 알고리즘 설계가 필요하다. 알고리즘을 잘 설계하면 논리적이고 효율적인 최적의 문제해결 방법을 찾을 수 있다.

일반적으로 알고리즘을 표현하는 방법에는 자연어(보통의 사람들이 일상적으로 사용하는 언어. 영어, 한국어, 일어 등을 말한다.), 의사코드, 순서도의 세 가지가 있다. 자연어는 특별한 형식 없이 일상적인 언어로 알고리즘을 표현하는 방법이다. 예를 들어 아침에 일어난 시각이 등교할 시각인지 아닌지에 따라 처리하는 명령을 자연어로 표현하면 다음과 같다.

```
아침에 일어난다.
만약 등교할 시각이면
        등교한다.
그렇지 않으면
        화분에 물을 주고 등교한다.
```

등교 문제를 의사 코드로 작성하면 다음과 같다.

```
아침에 일어난다.
if 등교할 시각 then
        등교한다.
else
        화분에 물을 주고 등교한다.
```

또 다른 예로 1, 1, 2, 3, 5, 8, 13, 21, …과 같이 앞의 두 개 항의 합이 다음 항이 되는 규칙이 있는 피보나치수열은 수학적으로 $F_{n+1} = F_n + F_{n-1}$로 표현할 수 있다. 피보나치수열을 자연어로 표현하면 '앞의 두 항의 합이 그다음 항이 되는 규칙성을 이용한다.'로 표현할 수 있다.

알고리즘의 두 번째 표현 방법인 의사(擬似)코드는 특정 프로그래밍 언어의 문법을 따르지 않고 프로그래밍 언어로 변환하기 쉽게 구조화시켜 알고리즘을 표현하는 방법이다. 이를테면 피보나치수열의 첫 항부터 50항까지 구하는 의사코드는 다음과 같이 나타낼 수 있다.

```
단계 ← 1
단계가 50이 될 때까지
        만약 x가 1, y가 1이면
              x ← 2

        그렇지 않으면
              z ← x
              x ← x + y
              y ← z
        단계 ← 단계 +1
```

위의 의사코드에서 'x ← 2'의 경우와 같은 화살표(←)는 우리가 일반적으로 알고 있는 '2가 x쪽으로 이동한다.'라는 의미가 아니다. 쉽게 말하면 컴퓨터에서 'x ← 2'는 '2를 x로 한다.'라는 의미이다. 그래서 'x ← x + y'는 'x + y를 x로 한다.'이다. 이를테면 위의 의사코드 1단계에서 x = 1, y = 1이면 x = 2를 출력하고 다음 단계로 넘어가게 되고, 2단계에서는 z = 2, x = 2 + 1, y = z = 2가 되는 것이다.

의사코드

'가짜의', '유사한'이란 의미를 가진 접두어 'pseudo-'와 코드를 의미하는 'code'를 붙여서 pseudo code라고 쓰고, 우리말로는 '실제와 비슷하다'는 '의사(疑似)'를 사용하여 의사코드라 한다.

의사코드는 언뜻 보면 프로그램 코드와 비슷하지만 문법은 약간 무시하거나 생략하고 단순화하여 사람의 말에 가깝게 만들어 놓은 코드를 말한다. 그래서 영어로 쓴 의사코드는 마치 프로그램 언어처럼 보이기도 한다.

쉽게 말해 진짜 코드처럼 보이는 가짜 코드라고 할 수 있다. 하지만 실제 코드처럼 컴퓨터에서 실행되지 않는다.

알고리즘의 세 번째 표현방법인 순서도는 국제 표준화 기구(ISO)에서 정한 기호를 이용하여 알고리즘을 표현하는 방법이다. 보통 알고리즘이라 하면 순서도를 일컬으며, 알고리즘에 대하여 다음 장에서 자세히 알아보자.

알고리즘이 뭐야

알고리즘이란?

순서도

순서도의 구조

의사코드

★ 알고리즘이란?

프로그램은 시스템에서 디지털 데이터 처리를 담당하는 부분으로 사람이 문제를 푸는 과정에서 필요한 반복적이고 지루한 작업을 컴퓨터에게 대신시키기 위해 필요한 것이다. 프로그램을 만들기 위해서는 알고리즘과 프로그래밍 언어가 필요하다. 컴퓨터로 한정하는 경우 프로그램은 흔히 '주어진 문제를 해결하기 위해 컴퓨터에 주어지는 일련의 명령어 집합'이라고 정의할 수 있다. 간단히 말하면 프로그램은 알고리즘과 프로그래밍 언어를 합한 것이다.

우리가 해결해야 할 실생활 문제가 주어졌다고 생각해 보자. 이 문제를 해결하도록 컴퓨터에게 명령을 내리고 싶다면 먼저 컴퓨터가 문제를 해결하는 방식에 맞는 알고리즘을 만들어야 하고, 알고리즘을 실제로 구현할 프로그래밍 언어가 필요하다. 이때 프로그래밍 언어는 문제를 해결해 주는 것이 아니라 알고리즘을 구현하는 도구일 뿐이다. 즉, 실제로 문제를 해결하는 것은 알고리즘이다. 알고리즘을 만든 후 이를 구현할 때는 어떤 프로그래밍 언어를 사용해도 무관하다.

알고리즘은 문제해결 과정에서 규칙성을 찾아 논리적인 순서로 설명하거나 표현하는 문제해결 절차나 방법을 의미한다. 그래서 알고리즘에는 몇 가지 조건이 필요하다. 알고리즘은 입력, 출력, 명확성, 수행 가능성, 유한성과 같은 5가지 조건을 갖춰야 한다. 문제를 해결하기 위해 필요한 자료는 외부에서 입력받을 수도 있기 때문에 입력은 경우에 따라 있을 수도 있고 없을 수도 있지만, 출력은 반드시 하나 이상이어야 한다. 알고리즘의 명령이나 연산자들은 모호하지 않고 명확해야 함을 명확성이라고 하며, 각 명령들은 수행이 가능해야 함을 수행 가능성이라고 한다. 이때 알고리즘의 각 단계는 반드시 실행 가능해야 한다. 마지막으로 알고리즘은 반드시 종료되어야 한다. 즉, 무한히 반복되면 문제해결을 위한 결과를 얻을 수 없기 때문에 반드시 언젠가는 끝내야 한다.

사람이 문제를 해결하는 방식과 컴퓨터가 문제를 해결하는 방식은 약간 다르다. 하지만 컴퓨터를 만든 것은 사람이기 때문에 컴퓨터가 문제를 해결하는 방식이 사람이 문제를 해결하는 방식과 완전히 다르지는 않다. 다만 컴퓨터는 생각보다 단순하기 때문에 이해할 수 있는 내용이 그리 많지 않으므로 사람이 생각하는 방식 중 가장 간단한 방식으로만 문제를 해결할 수 있다. 컴퓨터가 문제를 해결하는 방식뿐만 아니라 사람이 문제를 해결하는 방식 역시 알고리즘으로 표현할 수 있다.

프로그램

어떤 문제를 해결하기 위한 처리 방법과 순서를 컴퓨터에 주어지는 일련의 명령문 모음

알고리즘

문제해결 과정에서 규칙성을 찾아 논리적인 순서로 설명하거나 표현한 절차나 방법

프로그래밍 언어

컴퓨터에게 명령을 내릴 수 있도록 도와주는 언어. 대표적으로 자바, 파이썬, C언어가 있다.

알고리즘에 대하여 '집안 청소하기'로 간단히 예를 들어보자.

집안 청소를 하려면 어떤 작업을 순서대로 해야 하는지 알아야 하고, 이를 순차적으로 실행해야 한다. 이를테면 물걸레로 먼저 방을 닦은 후에 청소기로 먼지를 빨아들이는 과정으로 청소를 한다면 잘못된 것이라고 할 수 있다. 또 어지럽게 흩어져 있는 물건들을 정리하지 않은 상태에서 청소기로 먼지를 빨아들인다면 바닥에 있던 중요한 물건을 잃어버릴 수도 있다. 이런 모든 면을 생각하여 다음과 같은 순서로 청소를 한다.

❶ 청소하기 전에 창문을 연다.
❷ 바닥에 떨어진 물건을 정리한다.
❸ 청소기를 사용하여 먼지를 빨아들인다.
❹ 물걸레를 사용하여 바닥을 닦는다.
❺ 청소가 되지 않은 곳이 있는지 확인한다.
❻ 청소가 완료되었다고 판단되면 창문을 닫는다.
❼ 청소 도구를 정리한다.

물론 청소하는 환경이나 사람에 따라 약간씩 다를 수는 있지만 대체로 위와 같은 방법과 순서로 청소를 할 수 있다. 이와 같이 문제를 해결하기 위하여 수행해야 할 일의 방법과 순서를 정리한 것을 알고리즘이라고 생각하면 된다.

가장 오래된 알고리즘은 기원전 300년경에 만들어진 '유클리드 알고리즘(Euclidean Algorithm)'으로 두 수의 최대공약수를 찾는 방법이다. 최대공약수는 2개 이상의 자연수의 공약수 중에서 가장 큰 약수를 말한다. 유클리드는 2개 자연수의 최대공약수는 큰 수에서 작은 수를 뺀 수와 작은 수와의 최대공약수와 같다는 성질을 이용하여 최대공약수를 찾는 다음과 같은 알고리즘을 만들었다.

두 양의 정수 $a, b\,(a \geq b > 0)$에 대하여 $r_0 = a,\ r_1 = b$라 하고 나눗셈을 반복해서 사용하여 다음이 성립한다고 하자.

$$r_0 = r_1 q_0 + r_2 \qquad 0 < r_2 < r_1$$
$$r_1 = r_2 q_1 + r_3 \qquad 0 < r_3 < r_2$$
$$r_2 = r_3 q_2 + r_4 \qquad 0 < r_4 < r_3$$
$$\vdots$$
$$r_{n-1} = r_n q_{n-1} + r_{n+1} \qquad 0 < r_{n+1} < r_n$$
$$r_n = r_{n+1} q_n + 0$$

이때, 두 수 a와 b의 최대공약수는 r_{n+1}이다. 즉, a와 b의 최대공약수는 나눗셈을 반복해서 사용할 때 0이 아닌 마지막 나머지가 된다.

예를 들어 유클리드 알고리즘에 의하면 두 수 36과 28의 최대공약수는 큰 수 36에서 작은 수 28을 뺀 8(= 36 − 28)과 작은 수 28의 최대공약수와 같다. 다시 두 수 28과 8 중에서 큰 수인 28에서 작은 수 8를 뺀 20(= 28 − 8), 20에서 8을 뺀 12(= 20 − 8)와 8, 12에서 8을 뺀 4(= 12 − 8), 8에서 4를 뺀 4(= 8 − 4)를 얻는다. 그러면 36과 28의 최대공약수는 마지막에 남은 4와 4의 최대공약수 4이다.

이것을 한눈에 보기좋게 나타내면 다음과 같다.

최대공약수 (36, 28) = 최대공약수 (28, 8)
= 최대공약수 (20, 8)
= 최대공약수 (12, 8)
= 최대공약수 (8, 4)
= 최대공약수 (4, 4)
= 4

이처럼 알고리즘은 간단하고도 엄밀하게 정의된 방식으로 표현해야 한다.

예를 들어 현금인출기에서 5만원을 인출하는 경우의 알고리즘을 생각해보자. 현금을 인출하기 위해서는 카드를 넣은 후 비밀번호를 누르고 현금 지급을 선택한 다음 인출할 금액 5만원을 입력한다. 마지막에는 카드와 현금 그리고 명세서를 받는다. 이런 과정을 알고리즘으로 표현하면 다음과 같다.

1. 카드를 넣는다.
2. 비밀번호 4자리를 입력한다.
3. 만약 비밀번호를 잘못 눌렀다면 1번부터 다시 시작한다.
4. 여러 항목 중에서 현금지급을 선택한다.
5. 찾을 돈 5만원을 입력한다.
6. 현금과 카드, 명세표를 받는다.

위와 같은 알고리즘은 현금인출기를 사용한 적이 없는 사람에게 현금 5만원을 찾아올 수 있도록 해준다.

앞에서 소개한 세 가지 알고리즘 중에서 순서도로 현금 인출의 과정을 나타내면 다음과 같다.

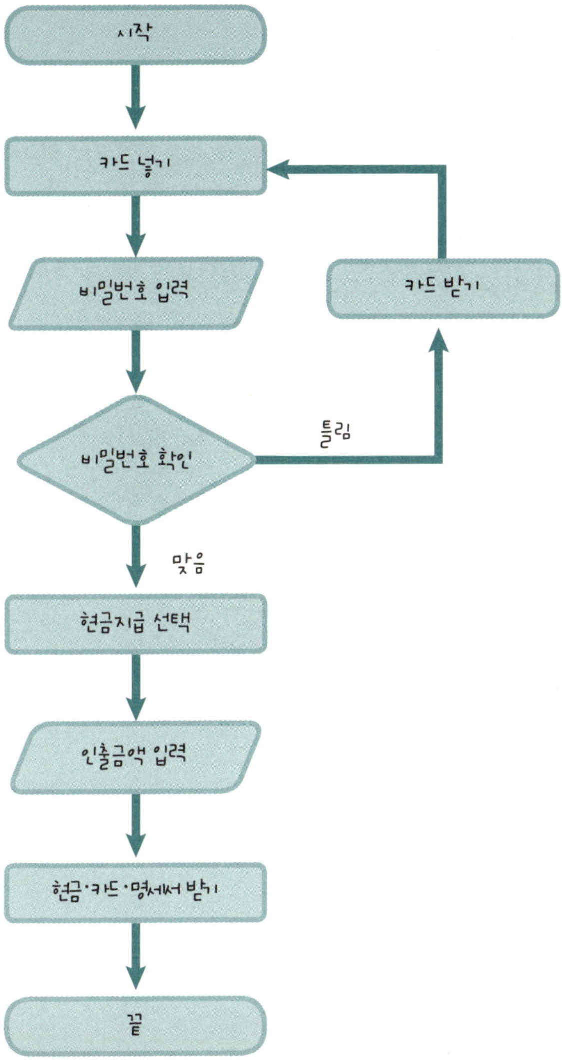

이처럼 어떤 일을 처리할 때 머릿속으로 생각만 할 것이 아니라 순서도와 같이 그림으로 표현하는 연습을 하다보면 전체 흐름이 보이면서 정확하고 계획적인 일을 할 수 있게 된다.

★ 순서도

순서도는 흐름도라고도 하며 작업의 흐름, 즉 알고리즘을 표현하기 위한 다이어그램의 일종으로 여러 가지 종류의 기호들을 화살표로 연결하여 나타낸다. 순서도는 1921년 길브레스(Frank Gilbreth)에 의해 '프로세스 순서도(Process Flow Chart)'라고 소개되었다. 이후 1940년대에 골드스틴(Herman Goldstine)과 폰 노이만(John von Neumann)이 순서도를 고안하여 컴퓨터 프로그램 개발을 위한 도구로 사용하기 시작했다. 순서도에서는 다양한 기호를 사용한다. 순서도에 사용하는 여러 가지 기호를 간단히 정리하면 다음과 같다.

기호	이름	설명	예
	단말	시작과 종료	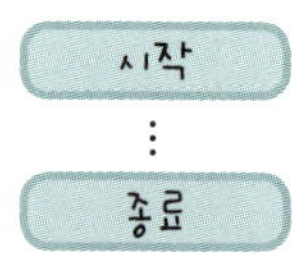
	흐름선	제어의 흐름과 실행 순서	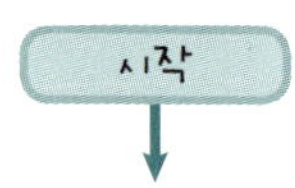
	처리	각종 연산 및 처리	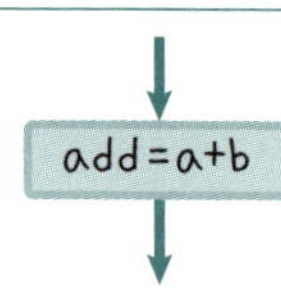
	입·출력	데이터의 입력 및 출력 (이 책에서는 입력으로 사용)	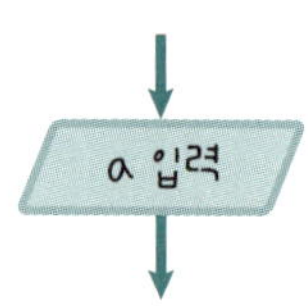

기호	이름	의미	예
	서류	서류 매체를 통한 입력 및 출력 (이 책에서는 출력으로 사용)	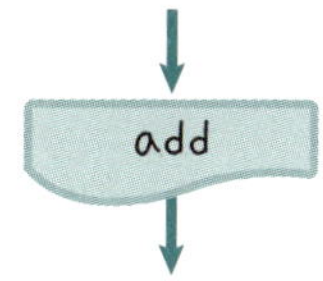
	준비	초기화	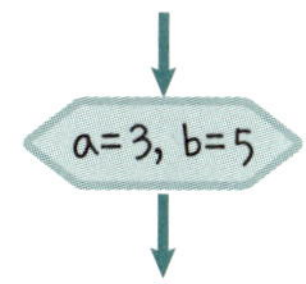
	판단	비교를 위한 조건(판단)	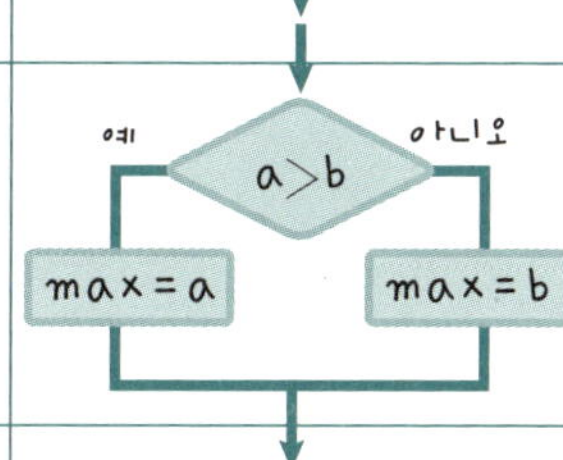
	함수처리	함수 호출	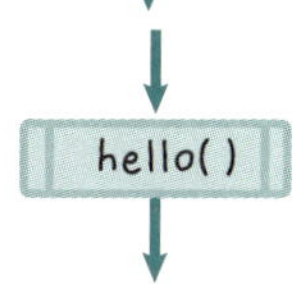

❶ 단말 : 순서도의 시작과 끝을 나타낼 때 사용한다.

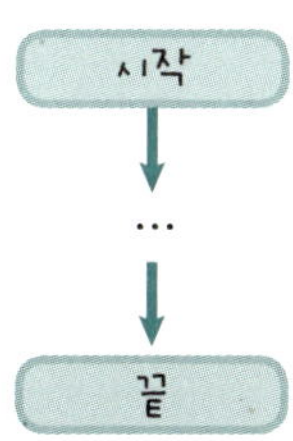

❷ 처리 : 입력받은 자료를 처리하거나 여러 가지 연산을 처리할 때 사용한다. 기호의 내부에는 처리 과정을 써넣는다. 예를 들어 전화를 하여 약속시간을 정하는 경우, 전화번호를 누르는 동작이나

약속 시간을 정하기 위해 통화하는 과정 역시 처리기호로 나타낼 수 있다.

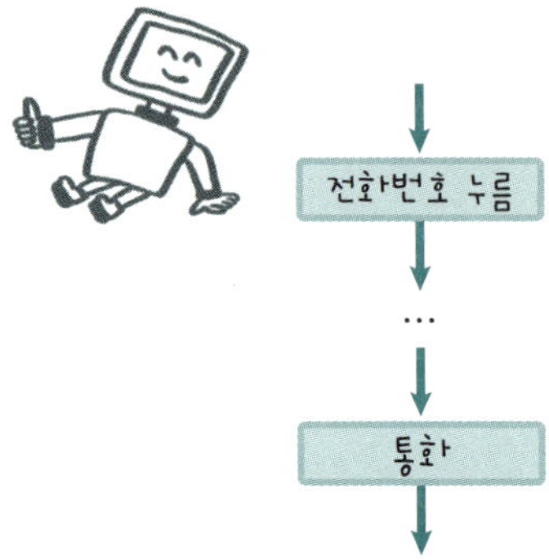

❸ 데이터 입출력 : 자료의 일반적인 입력 및 출력에 사용한다. 현금을 인출하기 위한 순서도에서 비밀번호를 입력하는 과정이나 명세표가 출력되는 과정이 이에 해당된다.

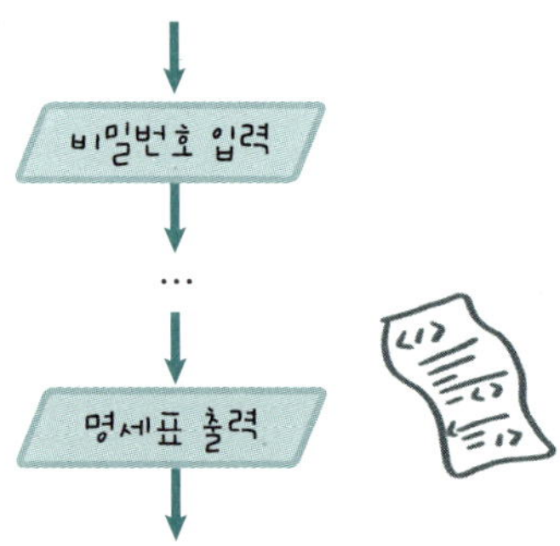

❹ 조건 : 조건에 따라 처리할 때 사용하는 기호로, 조건이 참일 경우에는 '예(True/Yes)', 조건이 거짓일 경우에는 '아니오(False/No)'로 표시한다.

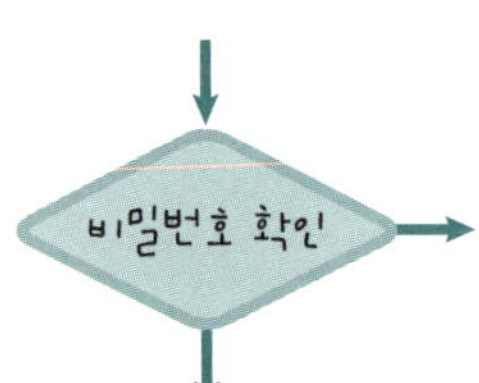

❺ 함수 : 함수나 서브루틴(subroutine, 종속처리)을 표현할 때 사용하는 기호이다. 함수와 서브루틴은 거의 동일한 의미로 사용되며, 함수 안에는 다양한 처리 과정이 표시된다. 예를 들어 2부터 10 사이의 소수를 찾는 알고리즘을 구성할 때, 소수이면 출력하라는 처리를 할 수 있다. 이때 입력된 어떤 수가 소수인지 검사하는 과정은 또 다른 순서도로 만들어야 하는데, 이것을 함수로 표현할 수 있다. 함수를 시작할 때는 다른 기호와 구별되는 기호를 사용하지만 함수의 끝에 해당하는 반환(return) 기호는 단말 기호를 사용한다. 다음 예에서 점선은 순서도에서는 표시하지 않는다.

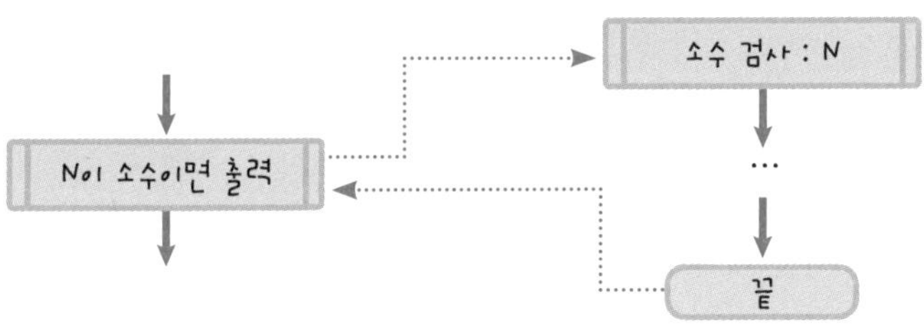

❻ 연결자 : 큰 순서도를 여러 개의 순서도로 나누어 표시하는 경우에 순서도를 연결하기 위해 사용하는 기호이다. 화살표로 연결하면 순서도가 너무 복잡해지는 경우나 복잡한 순서도를 여러 페이지에 걸쳐 작성하는 경우에도 사용한다.

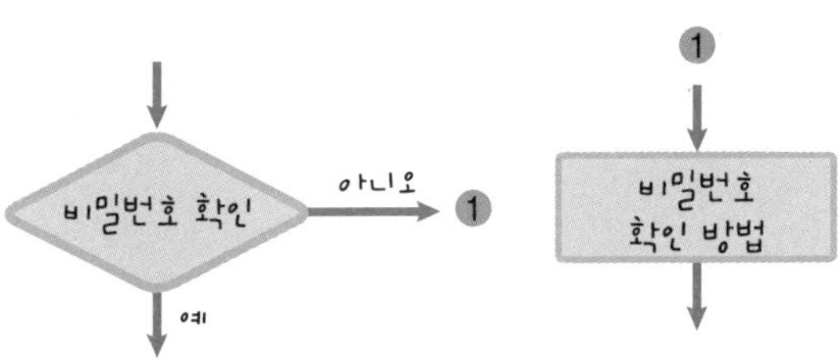

❼ 준비 : 변수나 조건의 선언 및 데이터 초기값을 설정할 때 사용한다.

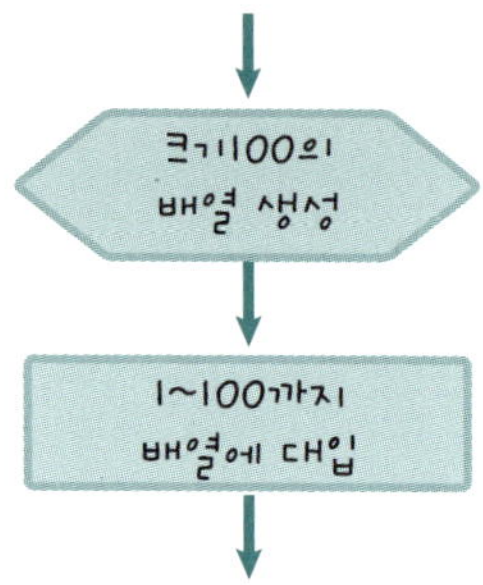

❽ 반복 : 특정 문장을 반복하여 수행하기 위해 사용하는 기호로, 표준기호는 아니다. 반복 기호의 위쪽 사각형에는 반복을 위한 조건을 기록하고, 아래쪽 사각형에는 반복적으로 수행할 문장을 기록한다. 이를테면 다음은 1부터 100까지의 정수를 더하는 알고리즘을 반복 기호를 사용하여 나타낸 것이다.

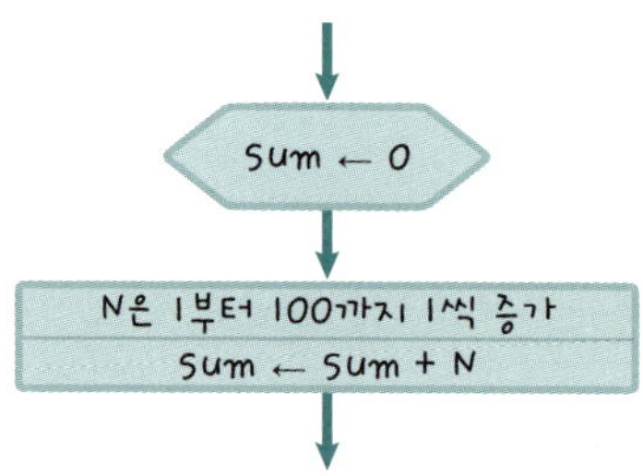

❾ 출력 : 처리 결과를 서류나 파일로 출력할 때 사용한다. 이를테면 다음과 같이 출력을 사용하면 화면이나 프린터로 "양수"가 출력된다.

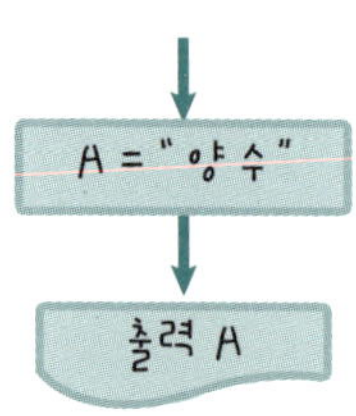

앞에서 소개한 기호 이외에도 여러 가지 기호가 더 사용되고 있다. 이를테면 흐름선을 나타내는 화살표 '→'는 실행 순서나 기호를 연결할 때 사용한다. 또 알고리즘과는 무관하게 순서도 기호에 대한 설명을 추가하기 위해 사용하는 다음과 같은 주석 기호도 있다.

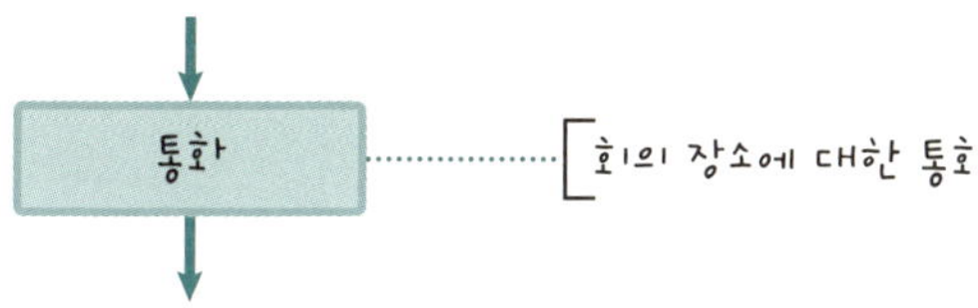

이를테면 어떤 정수 x가 양수인지 음수인지 판단하고, 그 결과를 출력하는 알고리즘을 위와 같은 기호를 사용하여 순서도로 표현하면 다음과 같다.

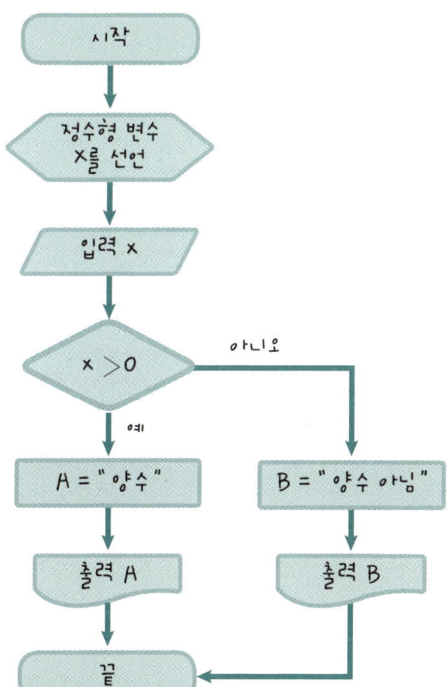

한편, 예를 들어 두 수 3과 5의 합을 구하는 알고리즘을 자연어, 의사코드, 순서도로 각각 나타내면 다음과 같다.

자연어	의사코드	순서도
3과 5의 합을 출력한다.	① 3을 a에 대입 ② 5를 b에 대입 ③ 두 수의 합을 c에 대입 ④ 합 c를 출력	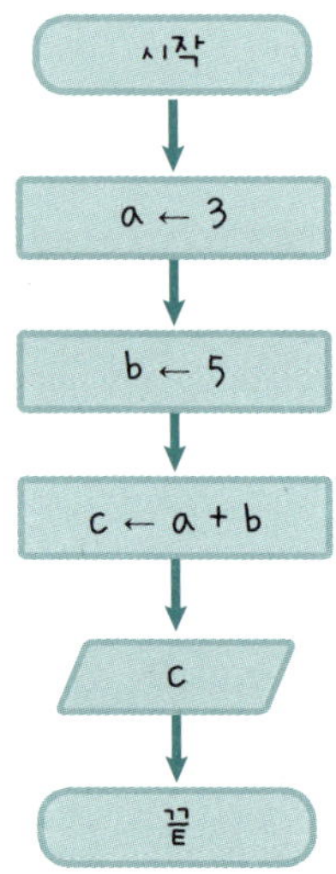

알고리즘이 완성된 다음에는 프로그래밍 언어가 필요하다. 여기서 한 가지 잊지 말아야 할 점은 의사코드나 순서도는 알고리즘을 사람이 이해할 수 있는 단어나 기호를 사용하여 표현하는 방법이라는 것이다. 하지만 컴퓨터는 사람의 말이나 기호를 읽고 이해할 수 없다. 따라서 컴퓨터가 알아들을 수 있는 방법으로 알고리즘을 표현해야 하고, 그것을 컴퓨터의 언어인 프로그래밍 언어로 바꿔서 입력해야 비로소 컴퓨터는 우리가 원하는 작업을 할 수 있게 된다.

예를 들어 1부터 100까지 합을 구하는 알고리즘을 순서도와 의사코드로 표현하고, 그것을 컴퓨터가 이해하는 알고리즘으로 표현하면 다음과 같다.

순서도

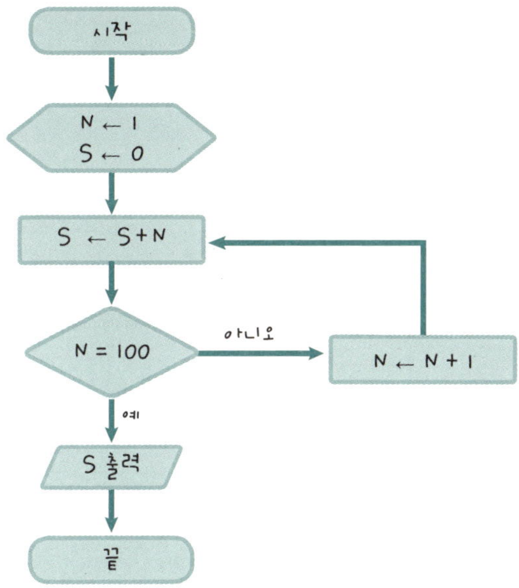

의사코드

❶ N을 1로, S를 0으로 초기화한다.

❷ S에 N을 더한다.

❸ N이 100이면 ❺로 간다.

❹ N에서 1을 더한 후 ❷로 간다.

❺ S를 출력한다.

프로그램 코드

```
void main (void){
int N = 1, S = 0;
do {
S = S + N;
if (N == 100) break;
N = N + 1;
} while(true);;
printf("%d\n", S);
}
```

사람이 이해하는 알고리즘 표현 방법

컴퓨터가 이해하는 알고리즘 표현 방법

★ 순서도의 구조

앞에서 말한 것처럼 알고리즘을 표현하는 방법은 자연어, 의사코드, 순서도 등이 있다. 어느 경우든지 알고리즘을 설계할 때는 몇 가지 주의 사항이 있다. 먼저 해결해야 할 문제를 정확히 이해하여 적절히 분석해야 하고, 분석한 문제를 기호 또는 그림 등으로 표현한다. 또 문제의 표현이 해결하기에 적당한지 검토해야 하고, 알고리즘에 오류가 있는지 잘 살펴야 한다. 이때 알고리즘, 프로그램, 시스템 등의 사용 중에 나타나는 문제점을 에러(error) 또는 버그(bug)라고 한다. 버그는 벌레라는 의미로 프로그램상의 결함에 의해 컴퓨터의 오류나 오작동을 일으키는 것을 말한다. 어쨌든 잘 정리된 알고리즘을 프로그래밍하기 적합하게 표현해야 한다. 그러기 위해 알고리즘은 적절한 구조를 가져야 한다. 특히 순서도를 이용한 알고리즘은 크게 순차 구조(sequence structure), 선택 구조(decision structure), 순환 구조(repetition structure)의 세 가지 구조를 가진다. 이에 대하여 차례로 알아보자.

❶ 순차 구조

알고리즘의 흐름이 위에서 아래로 차례대로 진행되는 구조이다. 순차적인 실행은 현재 일반적인 컴퓨터의 모태가 된 폰 노이만 구조에 기반을 두고 있으며, 가장 기본적인 형태의 알고리즘이라 할 수 있다.

이를테면 앞에서 3과 5의 합을 구하는 순서도를 다시 생각해 보자. 앞의 순서도에서 보듯이 시작부터 끝까지 차례대로 명령을 실행하는 구조이다. 조건에 따라 명령이 바뀌거나 특정 부분을 반복하여 실행하지 않고, 명령문을 단순하게 위에서 아래로 단계적으로 처리하는 경우이다.

❷ 선택 구조

선택형은 주어진 조건에 따라 처리 내용이나 순서가 달라지는 구조이다. 순서도의 표준 기호 중에는 3개 이상의 흐름으로 나누는 기호가 없기 때문에 3개 이상의 흐름으로 나누기 위해서는 조건 기호를 2개 이상 사용해야 한다. 주어진 조건을 만족하면 '예(True/Yes/만족)'인 경우의 실행 결과를 처리하고, 조건을 만족하지 않으면 '아니오(False/No/불만족)'인 경우의 실행 결과를 처리한다. 가장 간단한 예로 '학교에 갈 때, 비가 올 것 같으면 우산을 가져가고, 그렇지 않으면 가져가지 않는 경우'를 순서도로 표현하면 다음과 같다.

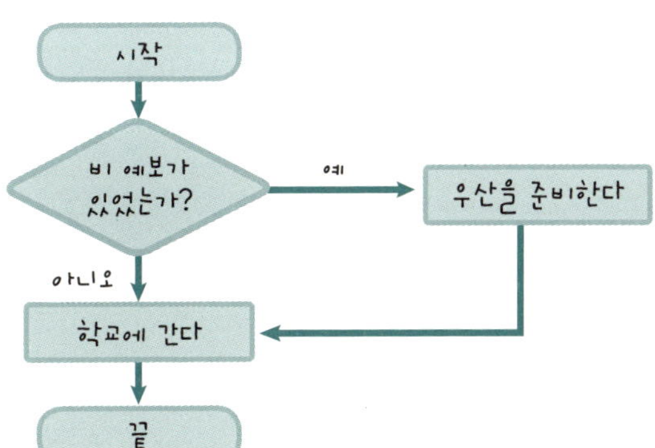

위의 경우는 조건 기호를 이용하여 2개의 흐름으로 나누어지는 순서도의 예로, 일기예보에 따라 우산을 준비하든지 또는 준비하지 않든지 두 가지 경우이다. 따라서 일기예보에 따라 두 가지 경우 중 하나는 실행되지 않는다.

다음은 3개의 수 중에서 최댓값을 구하는 순서도이다. 이 순서도에서는 3개의 수를 연속적으로 비교하여 최댓값을 구한다.

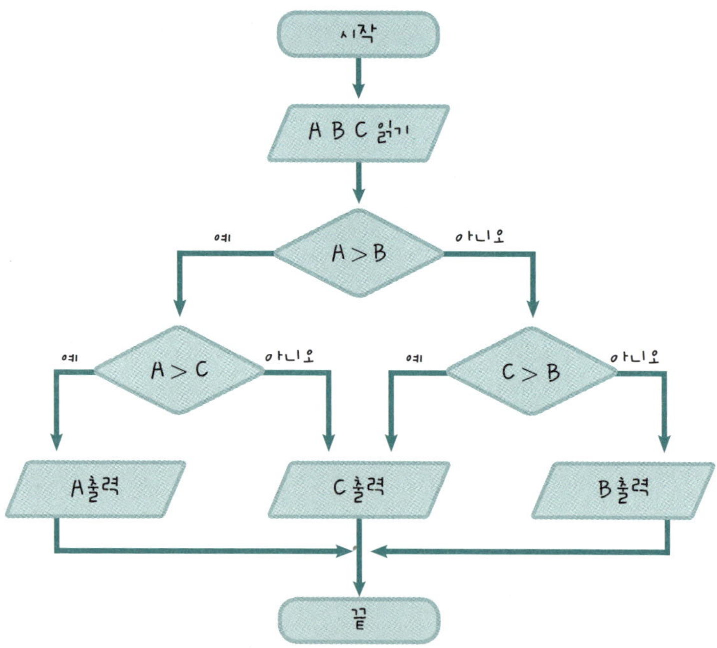

❸ 순환 구조

순환형은 주어진 조건에 따라 특정 명령을 반복적으로 실행하는 구조로 주어진 조건을 만족할 때까지 특정 부분을 반복하여 처리한다. 이때 반복 횟수는 조건에 의해 결정되며, 조건에 따라서는 반복되는 문장이 전혀 실행되지 않을 수도 있다.

아래 왼쪽 순서도(예1)는 앞에서 예를 들었던 1부터 100까지 합을 계산하는 것이다. 이 순서도에서 'S←S+N'을 100회 반복함으로써 1에서 100까지의 합을 구하게 된다. 그런데 이 순서도를 보고 반복 조건이나 반복 횟수를 쉽게 유추할 수 없다. 이 경우 반복 기호를 사용하면 좀 더 명확하게 반복문을 나타낼 수 있다. 1에서 100까지의 합을 계산하는 순서도를 반복 기호를 사용하여 나타내면 아래 오른쪽 순서도(예2)와 같다. 이 순서도는 위의 순서도에 비해 간단하고 이해하기도 쉽다. 반복 기호를 사용할 때, 조건을 표시하는 방법은 정해져 있지 않으므로 자유롭게 기술할 수 있다.

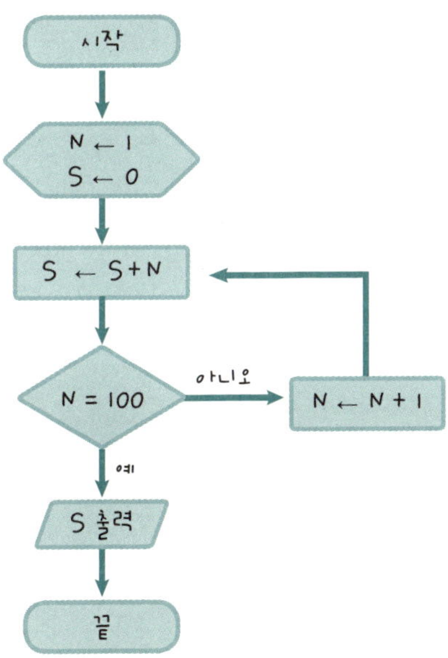

예1

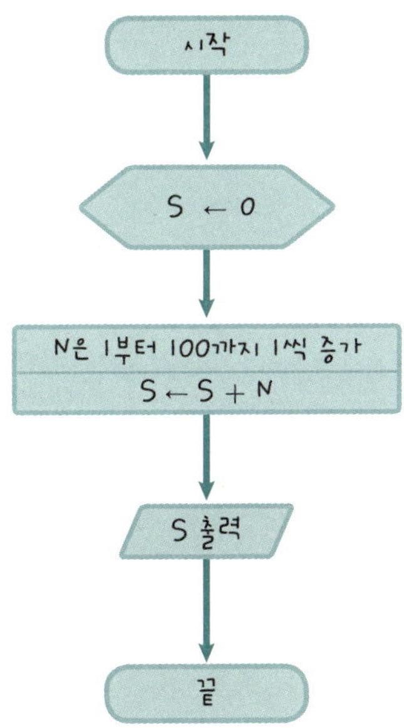

예2

지금까지 알아본 순서도는 알고리즘을 명확히 하고, 직관적으로 이해할 수 있도록 표현하는 데 사용한다. 그런데 사람에 따라 문제를 해결하는 방법이 다르듯이 같은 문제를 해결하는 알고리즘 역시 다양한 방법이 있다. 따라서 그 알고리즘을 표현하는 순서도 또한 여러 가지로 작성할 수 있다.

예를 들어 1부터 100까지의 정수 중에서 홀수의 합을 구하는 알고리즘을 생각해 보자.

먼저 1부터 100까지 1씩 증가시키면서 현재의 수가 홀수이면 합에 더하고, 짝수이면 더하지 않는 과정을 반복하면 1부터 100까지 홀수의 합을 구할 수 있다. 이를 순서도로 작성하면 다음과 같다.

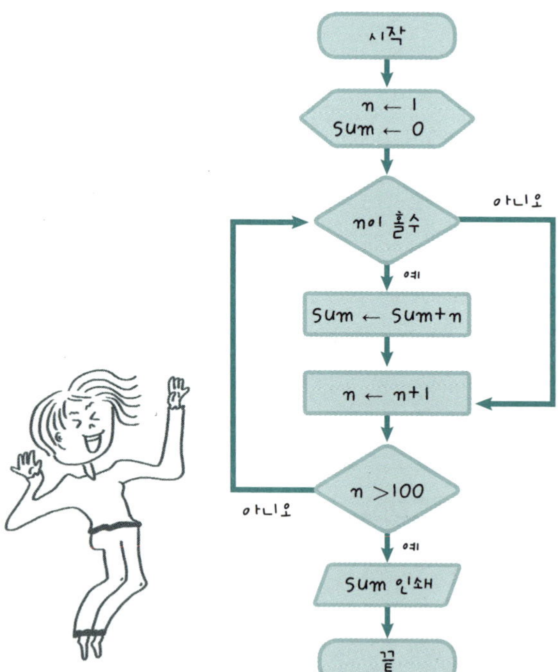

이 순서도에서는 n을 매번 1씩 증가시키고, 홀수인지 아닌지 검사하고 있다. 하지만 n을 1부터 시작하여 2씩 증가시키면 n은 1, 3, 5, 7, … 등의 홀수이므로 위의 순서도에서 홀수인지 아닌지 검사하는 과정을 생략할 수 있다. 이를 순서도로 작성하면 다음과 같다.

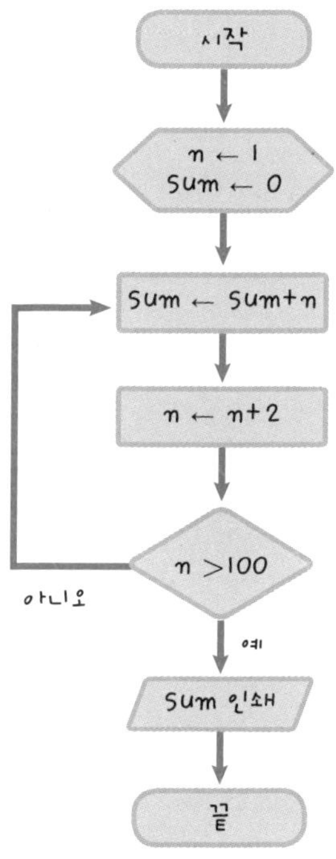

이와 같이 하나의 문제를 해결하는 알고리즘은 여러 가지가 있을 수 있으며, 문제가 복잡할수록 더 많은 알고리즘을 만들 수 있다. 그러나 문제를 빠르고 간단히 해결하기 위해서는 명확하면서도 간단한 알고리즘을 찾고 보다 단순한 순서도로 표현하는 것이 좋다.

★ 의사코드

의사코드는 프로그래밍 언어와 유사한 구조적 언어 요소와 알고리즘의 동작을 일반적인 언어로 설명하는 것이다. 이 방법은 알고리즘을 명확히 기술할 수 있으며 실제 프로그래밍 언어로 표현할 때와 같이 상세할 필요가 없다. 특히 의사코드의 주요소가 실제 프로그래밍 언어의 요소들과 유사하기 때문에 표현된 알고리즘을 프로그램으로 바꾸기에 매우 간단하다. 따라서 주어진 문제를 해결할 수 있는 의사코드를 잘 구성한다면 문제해결 프로그램을 쉽게 만들 수 있다. 의사코드에서 모든 알고리즘은 다음과 같이 구성된다.

```
begin
    { 연산을 수행하는 문장과 그 문장이 실행되는
      순서를 제어할 수 있도록 설계된 문장 }
end
```

의사코드를 작성하는 데 필요한 알고리즘 언어에는 배정문과 제어문 두 가지의 기본적인 문장 형태가 있다. 두 가지 문장 형태에 대하여 알아보자.

의사코드에서

input는 입력,

print는 출력,

if는 만약,

else는 그렇지 않으면

을 의미한다.

❶ 배정문

알고리즘의 서술에서 값을 변수에 배당하여 정해 주는 문장으로 다음과 같이 표현한다.

변수이름 ← 수식

오른쪽의 수식이 계산되고, 그 결과 값이 왼쪽에 있는 변수에 배정된다. 이를테면 주어진 변수 A가 정해진 값을 가질 때, A의 값을 1만큼 증가시키는 경우는 다음과 같이 표현할 수 있다.

A ← A+1

그런데 알고리즘을 구성할 때 배정문의 오른쪽에 일정한 형식이 없는 수식을 사용하기도 하고, 자연어(일반적으로 영어)를 사용하여 어떤 동작을 표현하기도 한다. 예를 들어 두 수의 합을 구하는 알고리즘은 다음과 같다. 여기서 A와 B는 숫자이며 결과를 sum에 배정한다.

```
begin
    Input A and B
    sum ← A + B
end
```

❷ 제어문

제어문은 알고리즘 전체의 흐름을 구조화하는 데 사용된다. 알고리즘의 문장이 실행되는 순서를 결정하는 제어문에는 순차문, 조건문, 반복문의 세 가지 형태가 있다. 순차문은 알고리즘의 begin과 end 사이에 있는 문장의 리스트이다. 즉, 전체 알고리즘은 하나의 순차문이라고 할 수 있으며, 여러 문장을 하나의 문장처럼 다루고자 할 때 사용한다. 사실 알고리즘에서 중요한 제어문은 조건문과 반복문이다.

조건문은 둘 중에서 하나를 선택할 때 사용한다. 조건문은 크게 다음과 같은 두 가지 형태가 있으며, 아래는 각각의 조건문을 순서대로 표현한 것이다.

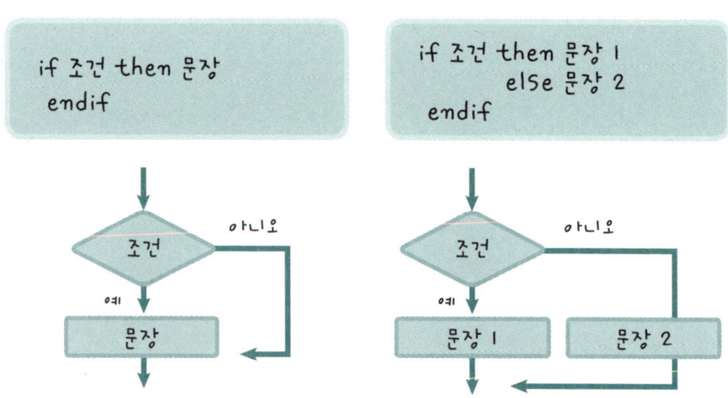

if−then endif 문의 조건은 참이나 거짓인 값을 갖는데, 값이 참이면 then 다음의 문장이 수행되고, 거짓인 값을 가지면 if−then endif 문 다음에 있는 문장이 수행된다. 예를 들어 주어진 수의 절댓값을 구하는 알고리즘은 다음과 같다.

```
begin
      Input n
      if n < 0  then n ← −n
      endif
      abs ← n
      Output abs
end
```

문장 '$n \leftarrow -n$'은 조건 '$n<0$'이 참인 경우만 수행되고, 조건이 거짓일 경우는 then 다음의 문장은 건너뛰고 'abs ← n'이 수행된다. 여기서 abs는 절댓값(absolute value)을 표시한 것이다. 이를테면 $n=-3$이 입력되면 $-3<0$이므로 $n=-(-3)=3$이다. 따라서 'abs ← 3'이므로 이 알고리즘을 수행한 컴퓨터는 'abs=3'을 출력하게 된다.

if−then−else endif 문의 조건은 참이나 거짓인 값만을 가져야 한다. 조건의 값이 참이면 문장 1을 수행하고, 거짓이면 문장 2를 수행한다. 예를 들어 두 수 중에서 큰 수를 찾는 알고리즘은 다음과 같다.

```
begin
    Input a,b
    if a>b then max ← a
            else max ← b
    endif
    Output max
end
```

조건 '$a>b$'가 참이면 'max ← a'가 수행되고, 거짓이라면 'max ← b'가 수행된다. 이를 테면 두 수를 $a=3, b=4$를 입력하면 조건에서 '$3>4$'이 거짓이므로 'max ←b'가 수행된다. 이 알고리즘을 수행한 컴퓨터는 'max=4'를 출력하게 된다.

❸ 반복문

반복문은 for 문, while 문, repeat…until 문이 있는데, 이를 루프(loop)라고 한다. 먼저 for 문은 다음과 같이 두 가지 형태가 있으며, 아래는 for 문을 순서도로 표현한 것이다.

```
for 변수 ← 초기값 to 최종값 do
    문장
endfor
```

```
for 집합의 모든 요소 do
    문장
endfor
```

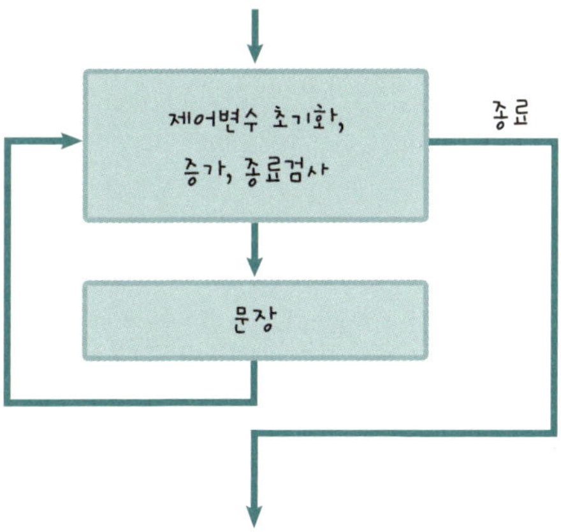

for 루프는 몸체 부분의 문장들을 정해진 횟수만큼 반복하여 수행한다. for 문에서는 초기값과 최종값이 결정되며, 루프 제어변수에 처음에 초기값이 배정된다. 문장이 수행된 후에 루프 제어변수는 1만큼 증가한다. 루프 제어변수가 최종값보다 커졌을 때, 루프는 종료되고, for 문 다음에 나오는 문장이 수행된다. 예를 들어 다음은 for 문을 이용한 1부터 100까지 정수의 합을 구하여 그 결과를 sum으로 출력하는 알고리즘이다.

```
begin
    sum ← 0
    for i ← 1 to 100 do
        sum ← sum + i
    endfor
    Output sum
end
```

처음에 sum = 0이고, for 문에서 'sum ← sum + i'이므로 for 문이 100번 수행되며 차례로 sum = 0 + 1, sum = 1 + 2, sum = 1 + 2 + 3, …, sum = 1 + 2 + 3 + … + 100이 계산되어 마지막에 컴퓨터는 그 값으로 'sum = 5050'을 출력하게 된다.

for 문과는 다르게 while 문과 repeat…until 문에서 반복 횟수는 정해져 있지 않다. while 문과 repeat…until 문은 각각 다음과 같고, 각각의 조건문을 순서도로 표현한 것이다.

```
while 조건식 do
    문장
endwhile
```

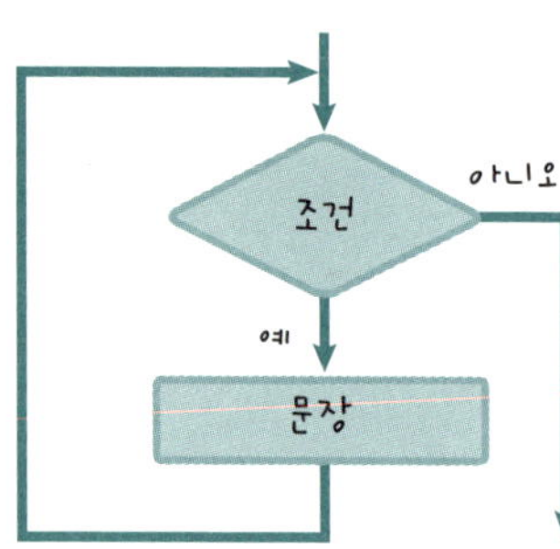

```
repeat
    문장 1
    문장 2
      ⋮
    문장 n
until 조건
```

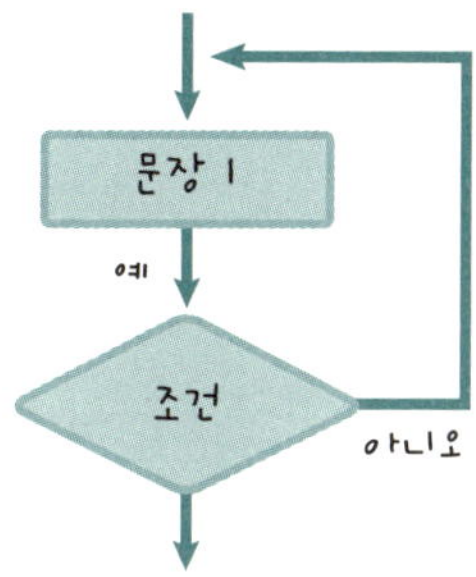

while 문을 만났을 때 조건이 참 또는 거짓인가를 알기 위해 계산되며, 참일 경우 do 이하의 문장이 수행된다. 조건은 다시 검사되고 그 값이 참일 동안 루프의 몸체는 계속 반복하여 수행한다. 조건이 거짓이 되면 endwhile 다음의 문장이 수행된다. 그래서 경우에 따라서는 while 루프의 몸체가 한 번도 수행되지 않을 수도 있다. repeat…until 루프는 그 내부의 문장을 적어도 한 번은 수행한다. 첫 번째 수행 후에 until 다음의 조건이 계산되며, 그것이 참이면 루프 다음의 문장이 수행되고, 거짓이면 루프의 몸체가 다시 수행된다. 이 순환은 조건이 참이 될 때까지 계속해서 반복된다. while과 repeat…until 루프에는 루프를 제어하는 조건의 값을 변화시키는 연산이 루프 몸체 안에 존재해야 한다.

예를 들어 다음은 while 문과 repeat…until 문을 이용한 1부터 시작하여 n개의 홀수의 합을 구하여 그 결과를 sum으로 출력하는 알고리즘이다. 같은 문제를 while 문과 repeat…until 문으로 각각 표현한 것이다.

```
begin
    sum ← 0
    i ← 1
    input n
    while i≤2n do
        sum ← sum+i
        i ← i+2
    endwhile
    Output sum
end
```

```
begin
    sum ← 0
    i ← 1
    input n
    repeat
        sum ← sum+i
        i ← i+2
    until i>2n
    if  n=0 then sum ← 0
    endif
    Output sum
end
```

while 문에서는 처음에 sum = 0, i=1부터 시작하고, i가 $2n$보다 작다면 두 문장인 'sum ← sum + i'와 'i←i+2'를 계속해서 반복한다. 그러다가 i가 $2n$보다 작지 않다면 반복 수행을 끝내고 그 결과를 sum으로 출력하는 것이다. repeat…until 문에서는 처음에 sum = 0, i=1부터 시작하고, 첫 두 문장인 'sum ← sum+i'와 'i←i+2'를 수행하여 sum=1과 i+3을 얻는다. 그 결과 i가 $2n$보다 작으면 이 과정을 i가 $2n$보다 커질 때까지 차례로 반복 수행한다. 그러다가 i가

$2n$보다 커지면 반복 수행을 멈추고 그 결과를 sum으로 출력하는 것이다. 이때 만약 $n=0$이면 sum=0이므로 알고리즘은 바로 끝나게 된다.

알고리즘은 직접 프로그램 명령어로 옮기기 전에 의사코드로 표현할 수 있으면 이제 직접 컴퓨터 프로그램을 할 수 있다.

이 책에서 예시로 든 스크래치 동영상은 인터넷 주소 창에 kms.webhard.co.kr로 접속한 후 아이디(guest)와 비밀번호(3004)를 입력하면 〈웃기는 코딩이지 뭐야〉 폴더 안에 있습니다.

프로그래밍을 해볼까

프로그래밍 언어와 스크래치 기초

스크래치의 주요 블록

스프라이트 움직이기

변수와 리스트 만들기

★ 프로그래밍 언어와 스크래치 기초

지금까지는 문제를 해결하기 위하여 알고리즘이라는 우리가 이해할 수 있는 언어로 해결방법을 표현했다. 그런데 컴퓨터는 알고리즘 표현을 이해할 수 없다. 이는 한국어를 전혀 모르는 아프리카의 부시맨에게 한글로 콜라병에 대하여 열심히 설명하는 것과 같다. 부시맨에게는 그들이 이해할 수 있는 그들만의 언어가 필요하다. 부시맨의 경우와 마찬가지로 완성된 알고리즘을 컴퓨터가 이해할 수 있는 언어로 바꿔줘야 한다. 컴퓨터가 이해할 수 있는 언어를 프로그래밍 언어라 하고, 우리가 이해할 수 있는 언어를 컴퓨터의 언어로 바꾸는 것을 컴파일러(compiler), 인터프리터(interpreter)라고 한다.

주어진 일을 컴퓨터로 처리하기 위해 작성된 명령어들의 집합체를 프로그램(program)이라고 하며, 프로그램에 필요한 언어를 이용하여 프로그램을 작성하는 과정을 프로그래밍(programing)이라고 한다. 또 프로그램을 작성하는 사람을 프로그래머(programer)라고 한다. 프로그래머들이 프로그램을 작성하기 위해 사용하는 언어인 프로그래밍 언어에는 저급언어(low-level language)와 고급언어(high-level language)가 있다. 저급언어는 사람이 이해하기 어렵지만 컴퓨터가 쉽게 처리할 수 있도록 작성한 언어로 기계어, 어셈블리어 등이 있다. 기계어는 컴퓨터가 직접 판독하고 실행할 수 있는 이진수로 이루어진 언어이다. 고급언어는 사람이 작성하기 편리한 언어이며 C, 자

프로그램(program)
주어진 일을 컴퓨터로 처리하기 위해 작성된 명령어들의 집합체

프로그래밍(programing)
프로그램에 필요한 언어를 이용하여 프로그램을 작성하는 과정

프로그래머(programer)
프로그램을 작성하는 사람

프로그래밍 언어
C, 자바, 비주얼 베이직, 스크래치, 파이썬 등

교육용 프로그래밍 언어
전문 프로그래머가 아니더라도 쉽게 프로그램을 작성할 수 있는 프로그래밍 언어, 스크래치, 엔트리 등

바, 비주얼 베이직, 스크래치, 파이썬 등이 있다. 특히 교육용 프로그래밍 언어는 전문 프로그래머가 아니더라도 쉽게 프로그램을 작성할 수 있는 프로그래밍 언어이다. 교육용 프로그래밍 언어는 문법이 적거나 없다. 여기서는 여러 가지 교육용 프로그래밍 언어 중에서 스크래치에 대하여 간단히 알아보자.

스크래치는 MIT 미디어랩에서 만든 교육용 프로그래밍 언어로 학생을 포함하여 누구나 사용할 수 있다. 교육용으로 만들어졌기 때문에 쉽게 컴퓨터 프로그래밍의 개념을 이해하고 결과물을 만들어볼 수

있도록 명령어들을 블록으로 구성하고 있다. 스크래치는 이 블록들을 조합해서 온라인과 오프라인 모두에서 다양한 작업을 수행할 수 있다.

온라인으로 스크래치를 사용할 경우는 http://scratch.mit.edu에 접속하면 홈페이지에 접속할 수 있고, 스크래치에 가입하고 로그인하면 아래 그림과 같은 화면을 볼 수 있다.

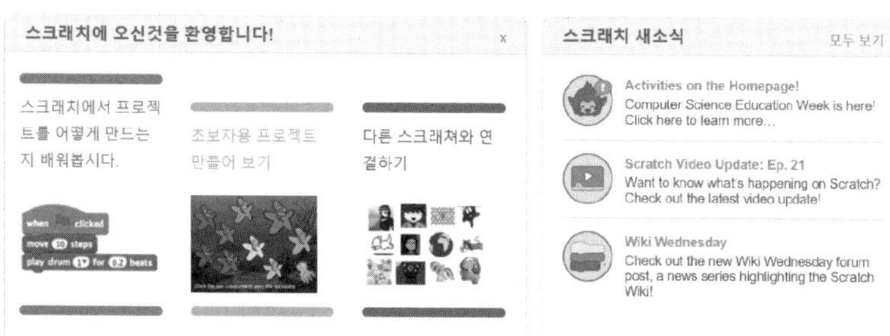

위의 오른쪽 화면에서 '스크래치에서 프로젝트를 어떻게 만드는지 배워봅시다.'를 선택하면 아래와 같은 화면이 나타난다.

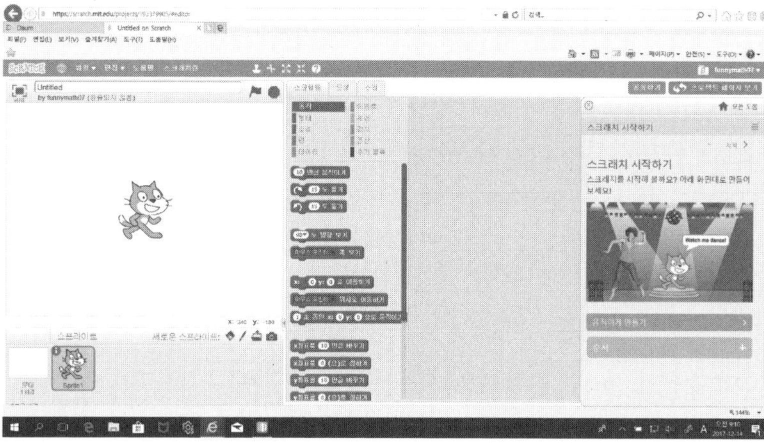

스크래치는 하나의 프로젝트로 정의되는데, 이를 구성하는 필수요소는 스프라이트(Sprite)와 무대(Stage), 그리고 실행명령인 스크립트(Script)이다. **스프라이트**는 스크래치 프로젝트를 하나의 연극이라고 할 때, 배우에 해당하는 객체이다. 이를테면 위의 그림에 등장하는 고양이가 바로 스프라이트이다. 스크래치는 미리 많은 스프라이트를 저장소에 보관하고 있어서 개발자는 스크래치에서 그림판을 이용하여 직접 그리거나 저장되어 있는 이미지를 이용하여 새롭게 만들 수도 있다. **무대**는 연극에서 배우(스프라이트)가 연기할 때의 배경이다. 연극이 공연될 때, 공연을 펼칠 장소가 무대이고, 그 무대의 1막, 2막 등이 진행됨에 따라 달라지는 무대장치가 배경이라고 할 수 있다. 스프라이트와 마찬가지로 무대로 스크래치에 저장된 것이나 개발자가 새롭게 제작하여 사용할 수 있다. 무대는 평면좌표로 구성되어 있으며 x축은 -240~240, y축은 -180~180의 값을 갖는다.

연극에서 무대 위의 배우가 연기를 할 때 필요한 것이 대본이다.

스크래치 구성 요소

스프라이트(Sprite) : 스크래치 프로젝트를 하나의 연극이라고 할 때, 배우에 해당하는 객체. 스크래치를 실행하면 처음에 고양이가 보인다.

무대(Stage) : 무대는 연극에서 배우(스프라이트)가 연기할 때의 배경이다. 스크래치에서 무대는 평면좌표로 구성되어 있다.

스크립트(Script) : 연극의 대본에 해당하는 것이 스크립트이며, 스프라이트가 수행해야 할 것을 절차대로 모아놓은 명령의 집합이다.

연극대본은 배우가 연기해야 할 내용이 구체적으로 제시되어 있고, 무대는 이 대본에 맞게 꾸며지게 된다. 스크래치에서 연극의 대본에 해당하는 것이 바로 스크립트이다. 스크립트는 스프라이트가 수행해야 할 것을 절차대로 모아놓은 명령의 집합이다. 스크래치는 스프라이트가 수행할 기본 명령들을 블록의 형태로 제공하고, 개발자는 목적에 맞게 이 블록들을 배치하여 스프라이트가 정의된 기능을 수행하도록 한다.

스크래치는 온라인과 오프라인에서 모두 프로젝트로 개발이 가능한데, 개인 저장소가 온라인 에디터에 있는 것을 제외하고는 구성이 동일하다. 이제 처음 스크래치를 시작할 때 보이는 화면에 있는 몇 가지 구성 요소가 각각 무슨 역할을 하는지 알아보자. 스크래치에는 여기서 소개하지 않은 더 많은 기능들이 있는데, 그런 기능들은 독자들

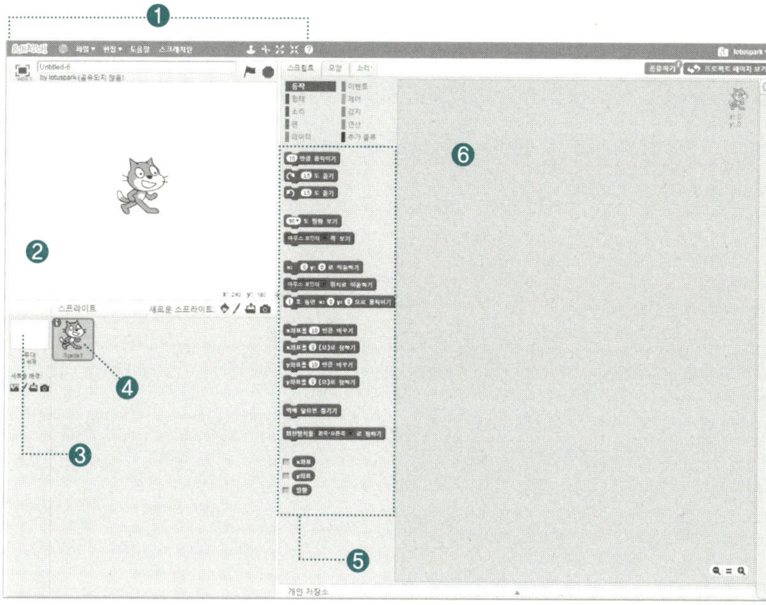

이 각자 스크래치를 체험하며 익힐 수 있다. 그래서 스크래치에 대한 가장 기초적인 구성 요소에 대해서만 간단하게 알아보자.

❶ 메뉴

메뉴에는 프로젝트 파일의 생성과 환경 설정에 관한 기능을 제공한다. 메뉴에는 파일, 편집, 도움말, 메뉴 아이콘이 있으며, 각각의 기능은 우리가 일반적으로 알고 있는 것과 비슷하다.

❷ 실행창/에디터

스프라이트를 이용하여 실행 화면을 설계하고 그 결과를 보여준다. 왼쪽 상단의 파란색 버튼 [■]을 클릭하면 전체 화면으로 실행 장면을 볼 수 있다. 사각형 아래 숫자는 에디터의 버전이다. 오른쪽 상단의 두 버튼 🏳 ● 중에서 녹색 깃발 🏳을 클릭하여 프로젝트를 시작하고, 빨간색 버튼 ●을 클릭하여 실행을 종료한다. 화면 하단의 x: -89 y: -180 은 실행창 안에 있는 마우스의 좌표를 나타낸다.

❸ 무대/배경 제어창

모든 프로젝트에는 1개의 무대가 반드시 필요한데, 이 무대를 꾸미는 배경은 여러 개로 바꿀 수 있다. 이 창을 이용하여 무대와 배경을 편집할 수 있다.

❹ 스프라이트 제어창

프로젝트에서 실행을 담당할 스프라이트의 목록을 보여주고 각 스프라이트의 정보를 보여주거나 간단한 설정을 할 수 있다.

❺ 블록 팔레트

스크립트/모양/소리 탭으로 구성되어 있으며, 현재 선택된 무대나 스프라이트에 따라 종속적으로 나타난다. 스크립트 탭은 스크래치의 블록을 기능으로 구분하여 서로 다른 색상으로 나타낸다. 모양 탭은 스프라이트의 모양 목록이나 무대의 배경 목록을 보여주고, 그림판이 열려서 모양을 수정하거나 삭제, 추가할 수 있다. 소리 탭은 현재 선택된 무대나 스프라이트에 지정된 소리의 목록을 보여주고, 소리제어창에서 무대나 스프라이트에 속한 소리 파일의 추가, 수정, 삭제 등 편집 작업을 할 수 있다.

❻ 스크립트 창

현재 선택된 스프라이트나 무대의 동작 절차를 지정할 스크립트를 작성하고 보여주는 창이다. 열 가지로 분류된 블록을 적당히 조합하고 순서대로 맞춰서 스크립트를 작성한 후 실행하면, 현재 실행중인 블록은 노란색의 테두리가 생겨서 진행 중임을 알려준다. 이때 블록을 적당히 조합하는 것은 이미 설계된 알고리즘의 각 단계에 맞는 블록을 순서대로 맞추는 것과 같다. 즉, 알고리즘에서 의사코드나 순서도로 표현된 작업의 순서와 흐름을 특정한 모양과 기능을 가진 블록으로 바꿔놓는 것이 스크립트 작성이다. 따라서 알고리즘을 잘 이해하고 있다면 그에 맞는 블록을 쉽게 이어붙일 수 있다.

★ 스크래치의 주요 블록

프로젝트의 배우인 스프라이트는 어려운 미션을 수행하기 전에 기본적으로 움직이기, 말하기, 연주하기 등을 할 수 있으며, 이를 수행하기 위해서 스프라이트는 몇 가지 자신만의 기본 정보를 가지고 있다. 프로젝트에서 스프라이트를 한 개 생성하면 다음의 정보가 기본적으로 만들어진다.

이름		
(x좌표, y좌표)	보이기/숨기기 여부	소리(이름/번호)
방향	모양(이름/번호)	음량
회전방식	크기(%)	박자

스크래치에서 스프라이트에게 어떤 동작이나 노래를 부르게 하려면 스크립트를 잘 작성해야 한다. 프로젝트를 작성할 때는 스크래치의 명령어 블록에 적용하면서 원하는 작업을 처리하게 된다. 이제 명령어 블록에는 어떤 것이 있는지 기능별, 모양별로 알아보자.

❶ 기능별 분류

블록 팔레트의 윗부분에 다음과 같은 열 가지의 기능별 블록이 있다.

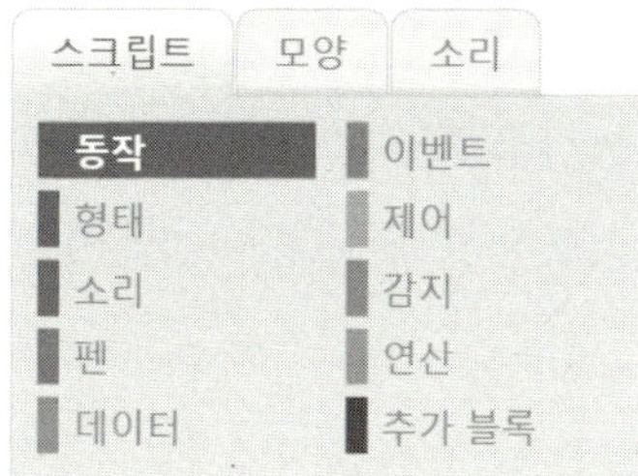

블록 팔레트에 분류된 명령어 블록의 대표 기능을 표로 나타내면 다음과 같다.

분류	기능
동작	스프라이트의 움직임, 위치 제어
형태	스프라이트의 모양이나 크기 변경, 그래픽 효과 제어
소리	스프라이트의 소리와 효과음 설정
펜	스프라이트의 움직임을 펜을 이용하여 무대에 그림
데이터	변수와 리스트를 생성하고 관리
이벤트	스크립트의 실행 및 방송하기 처리
제어	반복 및 조건 제어, 복제하기 수행
감지	입출력 장치로 수신한 상태 값 획득, 스프라이트의 충돌 관찰
연산	산술, 관계, 논리 연산, 난수처리, 수학적 함수
추가블록	기본 블록을 결합해서 특정한 기능을 지닌 새로운 블록을 정의

❷ 모양별 분류

블록을 기능이 아닌 모양으로도 분류할 수 있는데, 블록의 모양은 처리하는 작업의 내용이나 쓰임에 따라 정의되어 있다. 위의 표가 주로 기능적 분류의 블록이 무엇을 수행하는가에 관한 것이라면 모양별 분류는 스크립트의 실행 순서나 프로젝트 중에 관리하게 될 데이터, 조건의 처리 등 좀 더 프로그래밍적 요소에 따른 것이다. 그 모양과 내용을 다음과 같이 간단히 표로 나타낼 수 있다.

분류	모양	블록 형태의 예
모자(Hat) 블록	위가 둥근 모양으로 수행할 동작을 시작하는 기능이다.	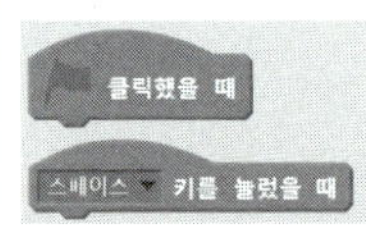
불린(Boolean) 블록	육각형 모양으로 내부에 조건식이 포함되고 참 혹은 거짓의 값을 가진다.	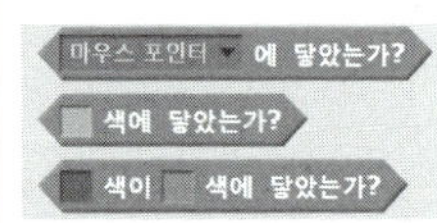
C 블록	C 모양으로 내부에 수행할 다른 블록들을 감싸고 있다. 주로 블록 팔레트의 제어 영역에 있다.	
리포터(Reporter) 블록	타원형 모양으로 값 자체를 나타낸다.	
캡(Cap) 블록	뚜껑처럼 닫혀서 아래에 더 이상 블록을 연결할 수 없는 모양으로 어떤 동작의 종점을 나타낸다. 모자 블록과 반대이다.	

스택(Stack) 블록	위아래로 블록을 연결할 수 있게 홈이 있는 모양으로 하나의 동작을 수행한다.	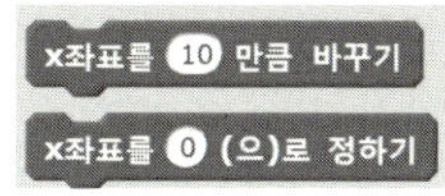

스크립트는 명령어 블록을 선택한 후 이를 스크립트 창에 끌어다 놓고 블록들을 서로 적절히 배치하여 만든다. 즉 블록을 서로 결합하여 스크립트를 작성하는데 블록을 결합하는 데는 몇 가지 원칙이 있다.

㉠ 블록의 각 홈을 서로 연결

서로 연결 가능한 블록인 경우 마우스를 클릭한 채로 가까이 가져가면 블록 주위에 하얀 테두리가 생기고 마우스 버튼을 놓으면 두 블록이 자동으로 연결된다.

가까이 가져가면 서로 붙는다.

㉡ 블록 내 타원이나 사각형에 연결

블록 안에 있는 흰색의 타원이나 사각형은 입력창으로 숫자나 문자(사각형일 경우에만 허용)를 직접 입력하거나 리포터 블록을 끼워 넣을 수 있다.

✔ 블록 안 흰색 창에 리포터 블록을 가까이 가져가면 흰색창으로 가져간다.

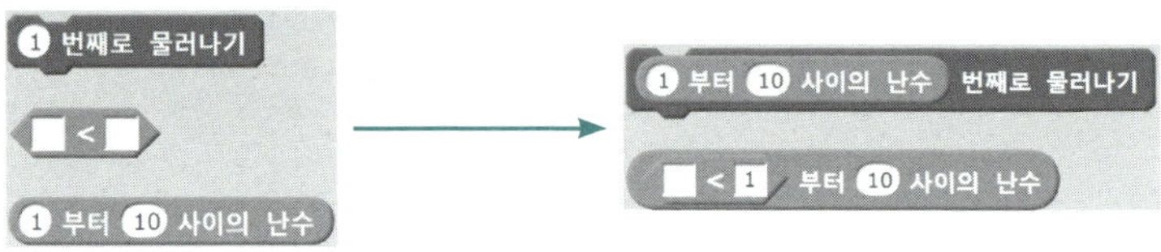

ㄷ 블록 내 조건 영역에 불린 블록 연결

블록 안의 육각형 공간은 조건 영역이다. 육각형 모양인 불린 블록을 끼워 넣을 수 있는데, 조건 영역에는 다른 모양의 블록을 결합할 수 없다.

✔ 조건 영역에 불린 블록을 차례로 넣는다.

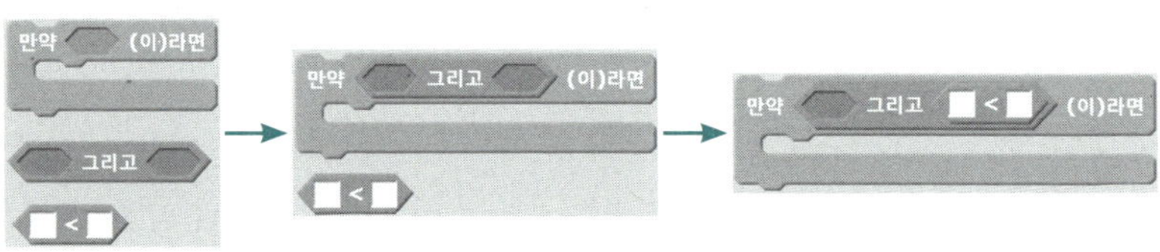

ㄹ 블록 안에 드롭다운 메뉴가 있는 경우

블록 안의 입력창에 검은색의 역삼각형이 있다면 마우스로 클릭했을 때 드롭다운 메뉴가 나타난다. 입력창이 흰색이 아닌 경우는 드롭다운 메뉴 중에 선택하거나 리포터 블록을 끼워 넣을 수 있다. 단, 리포터 블록은 흰색 테두리가 생길 때만 결합이 가능하다.

✔ 역삼각형을 클릭하면 드롭다운 메뉴가 나타나고, 흰색에 리포터 블록을 삽입할 수 있다.

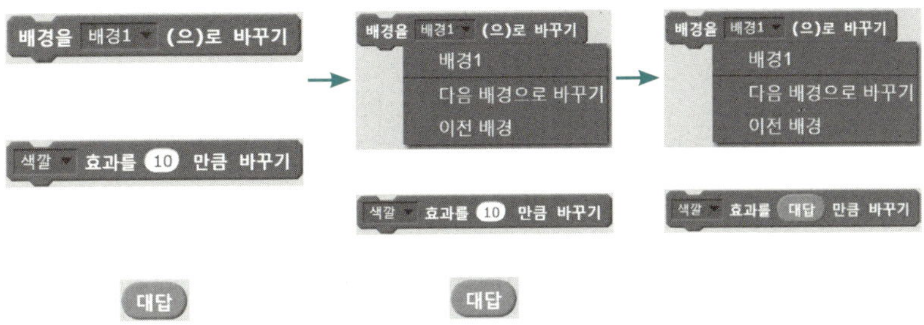

㉤ 블록 안에 색상 입력창이 있는 경우

펜 블록과 관찰 블록에는 색상을 정할 수 있는 입력창을 가진 블록이 있다. 마우스를 클릭하면 포인터가 손가락 모양으로 바뀌는데, 이때 손가락 모양의 포인터를 화면의 원하는 색깔이 있는 지점으로 옮긴 후 다시 마우스를 클릭하면 해당 위치의 색상으로 지정된다.

★ 스프라이트 움직이기

지금까지 우리는 스크래치에서 사용되는 블록과 성질 그리고 결합시키는 방법을 간단히 알아보았다.

이제 이들을 이용하여 스프라이트를 움직이는 가장 기본적인 방법을 알아보자. 즉, 블록을 직접 결합하여 스크립트를 작성해 보자. 스크래치를 처음 실행하면 기본적으로 고양이 스프라이트가 나타난다. 이 스프라이트가 위치한 좌표는 (0, 0)이고 이동방향은 오른쪽(90도)이다. 예를 들어 고양이 스프라이트를 움직이고, 작성된 스크립트를 저장해보자.

먼저 스크립트 탭에서 이벤트 를 클릭하여 [깃발] 클릭했을 때 를 스크립트 창으로 옮긴다. 그리고 동작 을 클릭하여 x: 0 y: 0 로 이동하기 을 붙인다. 제어 를 클릭하여 1 초 기다리기 를 스크립트 창으로 이동시켜 붙인다. 이와 같은 과정을 반복하여 고양이를 움직이고 싶은 방향과 거리를 동작 에서 선택하여 붙인다. 이를테면 다음과 같이 작성된 스크립트를 실행할 수 있다.

요리조리 움직이기

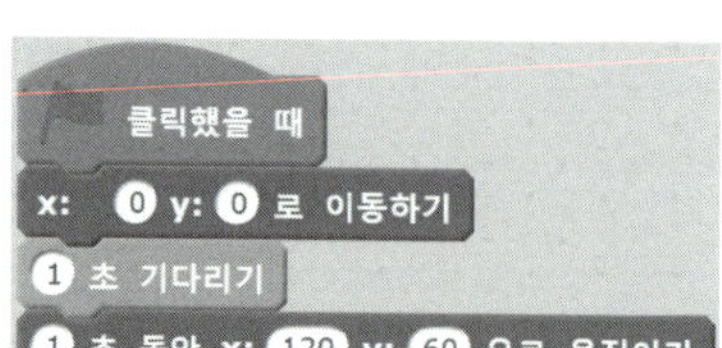

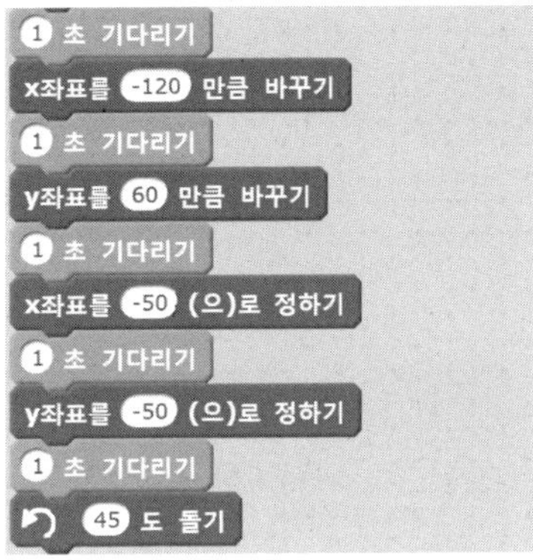

이 스크립트는 처음에 클릭하면 고양이의 위치를 위의 왼쪽 그림과 같이 중앙에 위치시킨다. 그리고 1초 동안 기다린 후에 (120, 60)의 위치로 이동한 후 다시 1초 동안 기다린다. 그리고 차례대로 x좌표를 −120만큼 바꾸고 1초 기다리고, y좌표를 60으로 바꾸고 1초 기다리고, x좌표를 −50으로 정하고 1초 기다리고, y좌표를 −50으로 정한다. 마지막으로 1초 기다린 후에 45° 회전한다. 그 결과가 위의 오른쪽 그림이다. 이 그림을 보면 처음 고양이의 위치와 방향이 바뀐 것을 알 수 있다. 마지막으로 파일 메뉴의 저장하기를 선택하여 폴더와 파일이름을 적절히 정한 후 등록한다.

이번에는 말하는 고양이를 설계해 보자. 이미 스크립트를 입력하는 방법은 간단히 설명했으니 다음의 스크립트를 입력해 보자.

말하는 고양이

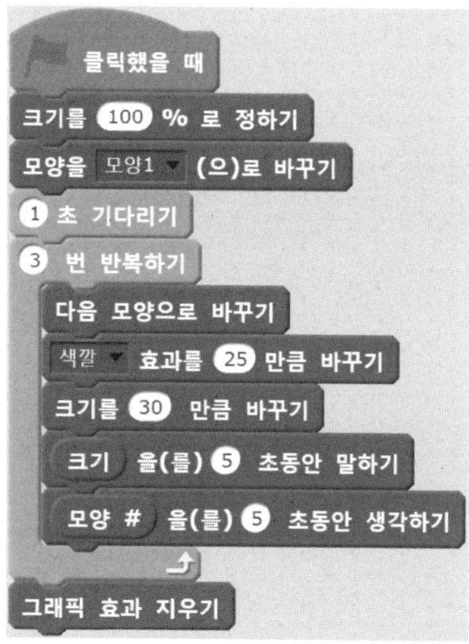

크기를 100 % 로 정하기 는 실행창에 나타나는 고양이의 크기를 입력된 수의 비율로 정하는 것이다. 100%로 정하기는 원래 크기대로 나타내라는 뜻이다. 모양을 모양1 (으)로 바꾸기 는 고양이의 모양 중에서 '모양1'로 실행창에 보이게 하는 것이고, 색깔 효과를 25 만큼 바꾸기 는 고양이의 색깔을 정하는 명령으로 색깔 효과를 0으로 정하는 것은 원래의 색깔대로 보이겠다는 뜻이다. C 블록인 3 번 반복하기 는 블록이 감싸고 있는 실행영역의 5개 블록을 3회 수행한다. 반복하기 블록 안에는 미리 정해놓은 색깔의 현재 값에 25를 더하여 주황색 고양이를 연두색으로 바꾼다. 크기를 바꾸는 30으로 바꾸기도 미리 정한 100

에서 30만큼씩 바꾸는 것이므로 100에서 30씩 더하여 3번 바뀌므로 130, 160, 190까지 적용되어 고양이가 점점 커진다. 생각하는 블록은 입력된 시간 동안만 출력이 된 후 사라지는 반면에 말하기 블록은 다음에 말하기/생각하기 블록을 만나기 전까지 사라지지 않는다. 마지막으로 `그래픽 효과 지우기`는 그동안 스프라이트에 반영했던 모든 그래픽 효과를 초기화하는 블록이다.

위의 스크립트를 실행하면 다음의 고양이들이 차례로 나타난다.

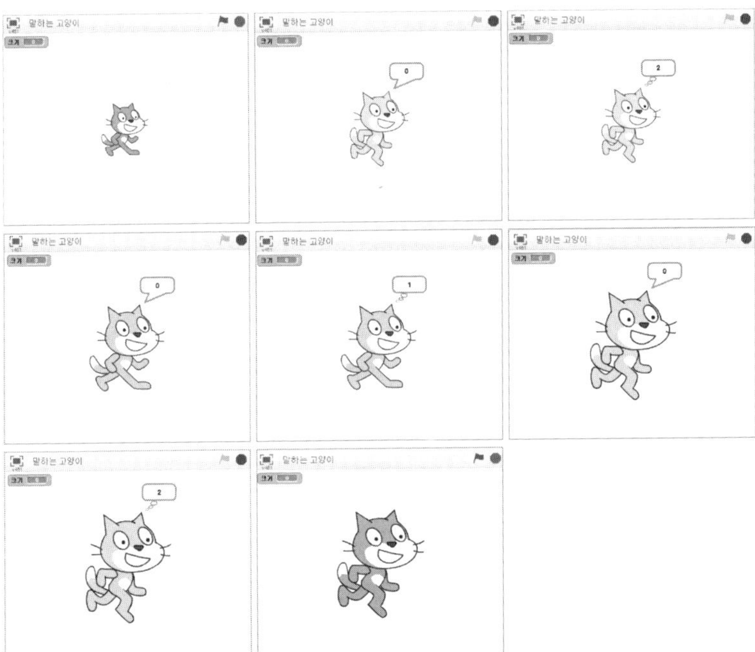

이번에는 스프라이트 사이에 대화하는 상황을 만들어보자. 스크립트 탭에서 `이벤트`를 클릭하면 대부분이 모자 블록인 것을 볼 수 있다. 프로그래밍에서 이벤트란 프로그램 실행 중에 외부의 센서나 입출력

장치에 의해 새로운 동작이 발생하거나 내부적인 동작에 의해 특정 변화가 감지되었을 때, '알림'을 뜻한다. 특히 스프라이트 사이에 서로 처리 순서를 지정하거나 특정 이벤트를 주고받을 때 사용하는 것이 사용자 정의 이벤트이다. 이때 방송하기 블록을 이용하여 스프라이트 사이에 대화하는 상황을 연출할 수 있다.

이제 방송하기 기능을 이용하여 간단한 애니메이션을 구성해 보자. 먼저 화면 하단의 새로운 스프라이트를 클릭하여 공룡을 선택한 후, 모양에서 보는 방향을 뒤집어 놓는다. 고양이 스프라이트를 클릭한 후에 스크립트 창에 다음과 같이 고양이가 대화할 내용을 구성하자.

공룡과 대화하기

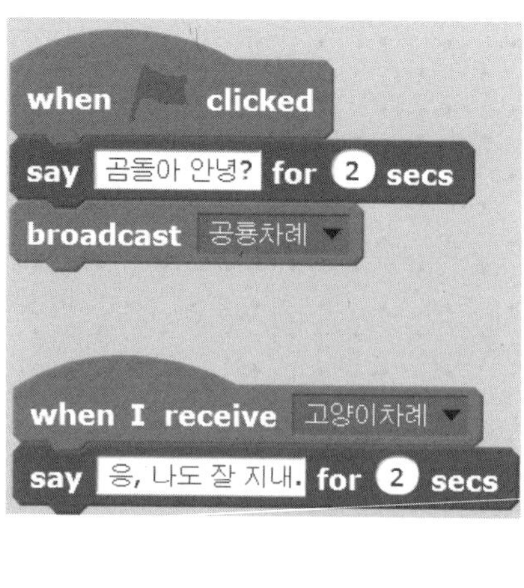

마찬가지로 공룡 스프라이트를 클릭하여 공룡의 대화 내용을 구성하자.

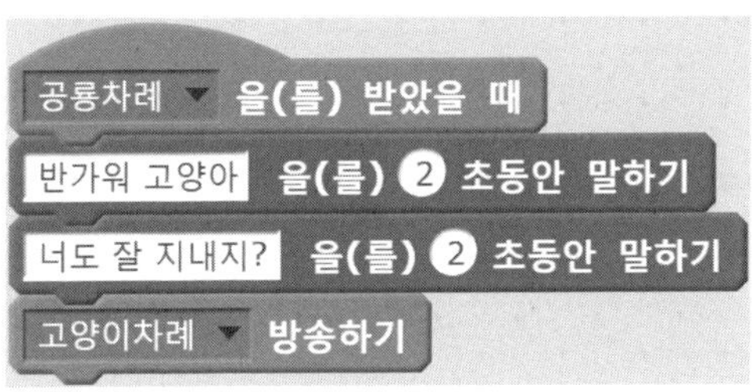

그러면 다음과 같은 화면이 차례로 실행된다.

★ 변수와 리스트 만들기

많은 사람들은 컴퓨터를 어떤 일을 알아서 해내는 기계라고 알고 있지만 컴퓨터는 혼자서는 아무 일도 할 수 없다. 컴퓨터 스스로는 아무것도 할 수 없으며 해야 할 일들을 프로그래밍 언어를 통해 정확하게 알려줘야만 그에 대한 일을 처리할 수 있다. 특히 우리는 인터넷을 통하여 많은 자료와 정보를 검색하여 활용한다. 이때 꼭 필요하고 중요한 정보들은 북마크를 하거나 따로 자신만의 키워드로 보관해 두었다가 이후에 빠르게 활용하면 큰 도움이 된다. 컴퓨터에게 일을 시키기 위한 프로그램의 경우에도 이와 같은 기능이 있다.

프로그램에서 필요한 정보를 저장하고 이를 활용할 수 있는 공간을 제공하는 변수와 리스트는 웹 브라우저의 북마크 기능과 유사하다. 이제 변수와 리스트에 대하여 간단히 알아보자.

변수는 컴퓨터 내부에서 값을 저장할 수 있는 공간을 말한다. 프로그램에서 처리하는 값이나 계산에 의하여 발생한 데이터 등을 기억하는 공간은 변할 수 있는 값이므로 변수라고 한다. 리스트는 비슷한 성질을 가지는 변수들의 연속적인 기억장소의 집합이다.

❶ 변수

각 변수들은 고유한 이름을 가지며, 숫자뿐만 아니라 문자와 문자열을 저장할 수 있다. 이제 정사각형의 변의 길이를 입력하여 정사각형의 넓이를 구하는 프로그램을 통하여 변수 만들기에 대하여 알아보자.

정사각형의 넓이는 (넓이) ← (변의 길이) × (변의 길이) 이므로 정사각형의 넓이를 구하는 프로그램에서는 모두 다음과 같은 2개의 변수가 필요하다.

- 변의 길이 : 사용자가 입력하는 변의 길이를 저장하기 위한 변수
- 넓이 : 정사각형의 넓이를 저장하기 위한 변수

스크래치에서 변수를 생성하기 위해서는 스크립트 탭에서 데이터를 클릭하면 변수 만들기 와 리스트 만들기 가 나타난다. 다시 변수 만들기 를 클릭하면 다음과 같은 화면이 나타난다. 여기서 변수 이름을 입력하고 확인 을 누르면 변수의 생성이 완료된다. 이와 같은 방법으로 변의 길이를 저장할 변의 길이 변수와 넓이를 저장할 넓이 변수를 생성하면 변수 및 관련 블록이 생성된 것을 볼 수 있다.

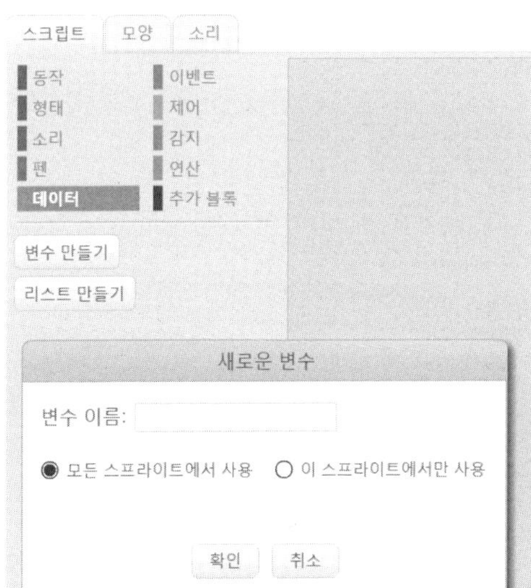

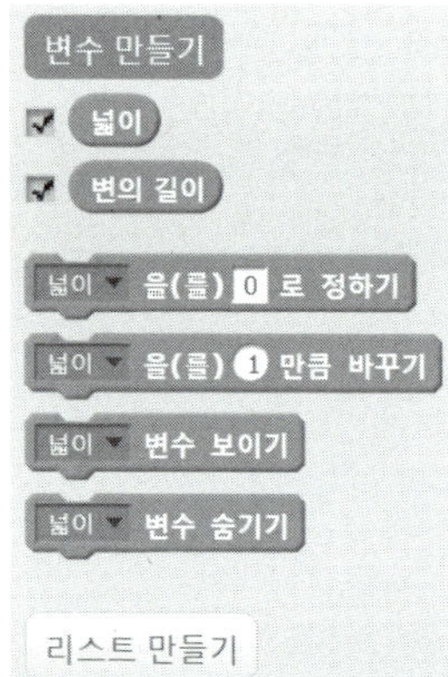

이때 생성된 4개의 블록의 역할은 다음과 같다.

블록	설명
	넓이의 값을 변경시키는 블록이고, 직접 입력하는 값뿐만 아니라 블린 블록이나 리포터 블록을 안에 넣을 수 있다.
	넓이에 저장되어 있는 값을 입력된 수만큼 증가/감소시키는 역할이고, 원형의 입력창에는 오로지 숫자만 입력 가능하며 리포터 블록을 안에 넣을 수 있다.
	무대에 넓이를 표시한다.
	무대에 넓이를 숨긴다.

위의 블록과 변의 길이와 넓이를 저장할 변수를 활용하여 변의 길

이를 입력받고 넓이를 구하는 다음과 같은 스크립트를 만들어보자. 이때 스크립트 탭의 감지 를 클릭하여 What's your name? 묻고 기다리기 와 대답 을 이용하고, 스크립트 탭의 연산 을 클릭하여 (*) 을 이용하여 변의 길이를 제곱하는 연산을 구성한다. 아직 실행되지 않은 스프라이트 창의 왼쪽 윗부분에는 변의 길이와 넓이가 0으로 표시되어 있는 창이 나타난다. 이제 만든 스크립트를 클릭하여 실행하면 고양이가 “변의 길이는?”이라고 묻는다. 밑에 나타나는 입력창에 5를 입력한 후 ✔을 클릭하면, 변의 길이와 넓이가 화면의 왼쪽 위에 나타나 변의 길이가 5일 때 넓이가 25임을 알 수 있다.

정사각형 넓이 구하기

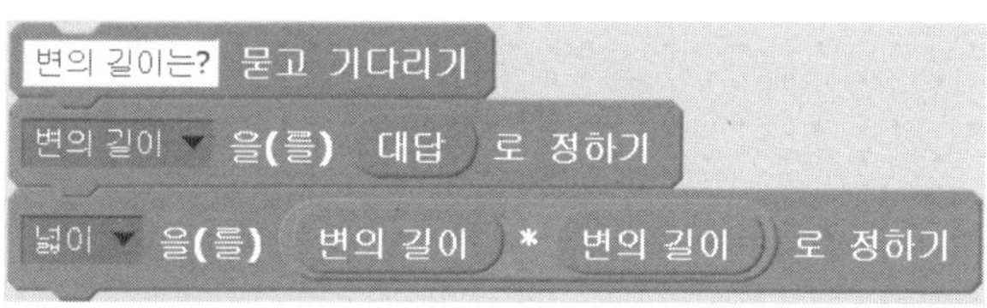

❷ 리스트

변수와 리스트는 모두 자료의 저장을 위해 필요하다. 리스트는 비슷한 성질을 가지는 다수의 변수들을 저장할 수 있는 연속적인 저장 공간이다. 예를 들어 스크래치로 요일 리스트를 작성해 보자. 스크래치에서 변수를 생성하기 위해서는 스크립트 탭에서 데이터를 클릭하면 변수 만들기와 리스트 만들기가 나타난다. 다시 리스트 만들기를 클릭하면 다음과 같은 화면이 나타난다. 여기서 리스트 이름을 입력하고 확인을 누르면 리스트의 생성이 완료된다. 리스트를 새롭게 생성할 때는 어떠한 값도 리스트에 추가되어 있지 않으므로 아래 오른쪽과 같이 (empty)로 표시된다.

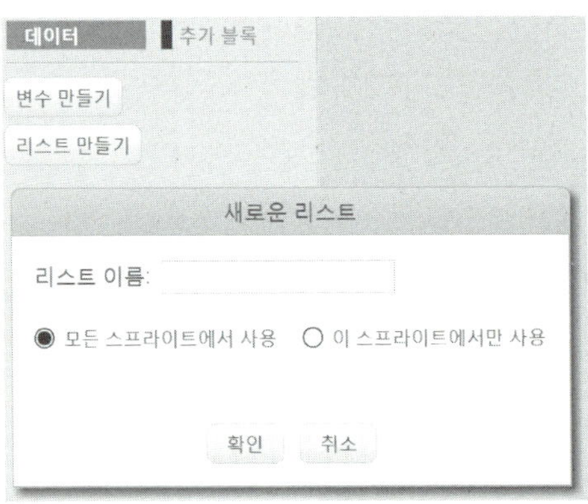

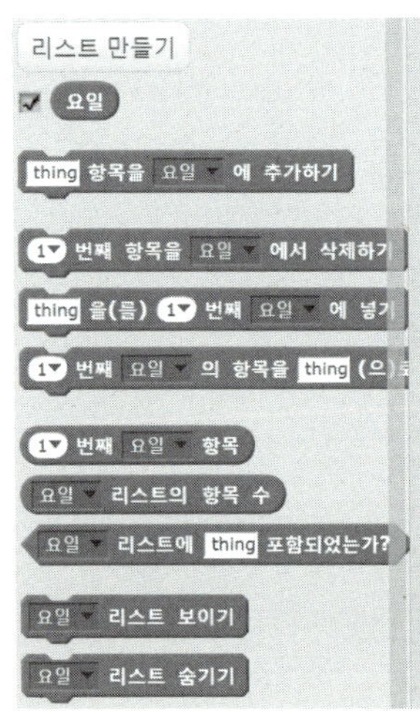

또, 데이터 메뉴에는 여러 개의 새로운 블록이 생기는데, 블록의 역할은 다음과 같다.

블록	설명
thing 항목을 요일 ▾ 에 추가하기	요일 리스트에 항목을 추가한다. 추가되는 항목은 리스트의 가장 끝으로 배치된다.
1▾ 번째 항목을 요일 ▾ 에서 삭제하기	요일 리스트에 항목을 삭제한다. 삭제되는 항목은 입력한 색인의 값이다.
thing 을(를) 1▾ 번째 요일 ▾ 에 넣기	요일 리스트에 항목을 추가한다. 가장 위에 설명한 thing 항목을 요일 ▾ 에 추가하기 와는 다르게 원하는 순서로 삽입할 수 있다.
1▾ 번째 요일 ▾ 의 항목을 thing (으)로 바꾸기	요일 리스트에 속해 있는 항목의 값을 변경한다. 원하는 색인과 변경할 값의 입력을 통해 변경할 수 있다.
1▾ 번째 요일 ▾ 항목	요일 리스트에 속해 있는 항목 중에서 원하는 색인의 값을 반환한다.
요일 ▾ 리스트의 항목 수	요일 리스트에 속해 있는 항목의 개수를 반환한다.
요일 ▾ 리스트에 thing 포함되었는가?	요일 리스트에 입력한 항목이 포함되어 있는지 여부를 알려준다.

위의 thing 항목을 요일 ▾ 에 추가하기 블록을 이용하여 요일 리스트를 입력한 후에 실행하면 다음과 같이 요일 리스트에 요일 항목이 추가되는 것을 볼 수 있다.

리스트를 활용하는 여러 가지 기능과 방법이 있지만 여기서는 첫 번째 항목부터 일곱 번째 항목까지 각각 독립된 변수라고 생각하고 네 번째 항목이 무슨 요일인지 알아보는 스크립트를 구성하자. 먼저 변수 만들기 에서 숫자 를 만든다. 숫자 을(를) 4 로 정하기 를 이용하여 몇 번째 리스트에 어떤 요일인지 알고자 하는 숫자를 입력한다. 스크립트 탭의 형태 를 클릭하여 Hello! 말하기 를 스크립트 창으로 옮긴다. 데이터 의 숫자 와 1 번째 요일 항목 을 이용하여 숫자 번째 요일 항목 말하기 를 만든 다음, 아래 왼쪽과 같은 스크립트를 구성하고 클릭하면 오른쪽 그림과 같이 고양이가 "목요일"이라고 말한다.

요일 말하기

숫자 을(를) 4 로 정하기
숫자 번째 요일 항목 말하기

요일
1 월요일
2 화요일
3 수요일
4 목요일
5 금요일
6 토요일
7 일요일
길이: 7
숫자 4
목요일

스크래치 더 잘하기

연산자

조건문

반복문

추가 블록 만들기

일반적으로 컴퓨터는 우리가 수행하기 귀찮아하는 수많은 연산을 수행한다. 흔히 소프트웨어 혹은 프로그램이라고 하는 것은 우리가 입력한 자료를 이용하여 컴퓨터가 다양한 연산을 자동으로 수행하고, 그 결과를 우리에게 제공해 주는 것이다. 이제 프로그램에서 사용되는 연산을 스크래치에서 어떻게 표현하는지 간단히 알아보자.

★ 연산자

❶ 산술 연산자

연산에서 가장 기초가 되는 산술 연산자에는 사칙계산인 덧셈, 뺄셈, 곱셈, 나눗셈을 하는 것이 있다. 프로그래밍에서는 나머지 연산 등을 추가로 할 수 있다. 스크립트 탭에서 연산 을 클릭하면 스크래치에서 사용할 수 있는 다음과 같은 네 가지 산술 연산자가 있다.

스크래치 연산자	의미
( ) + ( )	두 변수를 더한다.
( ) - ( )	두 변수를 뺀다.
( ) * ( )	두 변수를 곱한다.
( ) / ( )	두 변수를 나눈다.

위의 표에서 빈칸에는 숫자를 입력해도 되고, 숫자가 지정된 변수나

리스트의 항목을 사용해도 된다. 또 (5 + (10 - 7))과 같이 2개 이상의 연산 블록을 결합하여 사용할 수도 있다.

한편, 위의 네 가지 기본 연산자 이외에 ( ) 나누기 ( ) 의 나머지 와 같은 '나머지 연산(modulo operation)'이 있다. 이것은 어떤 수를 다른 수로 나누었을 때 나머지를 계산해 주는 것이다. 예를 들어 (15) 나누기 (6) 의 나머지 블록의 결과는 3인데, 15÷6＝2…3으로 15를 6으로 나누면 몫이 2이고 나머지가 3이라는 뜻이다.

이외에도 스크래치는 반올림, 제곱근, 절댓값, 바닥함수, 천장함수, 사인함수, 코사인함수, 탄젠트함수 등의 수학에서 사용하는 다양한 함수 연산 기능이 있다.

❷ 비교 연산자

비교 연산자는 등호(=)와 부등호(<, >)가 있으며 두 수나 내용을 비교하여 참과 거짓으로 구분한다. 만일 비교결과가 참이면 'true'로, 거짓이면 'false'의 블린(Boolean) 형태로 표현한다. 비교 연산자는 나중에 소개할 조건문과 반복문에서 많이 사용된다. 스크래치에서 사용할 수 있는 비교 연산자에는 다음과 같은 세 가지가 있다.

스크래치 연산자	의미
[ ] < [ ]	두 변수를 비교하여 오른쪽이 크면 'true'를 반환한다.
[ ] = [ ]	두 변수를 비교하여 같으면 'true'를 반환한다.
[ ] > [ ]	두 변수를 비교하여 왼쪽이 크면 'true'를 반환한다.

❸ 논리 연산자

일반적으로 논리에서 사용하는 연산자에는 논리곱(그리고, and), 논리합(또는, or), 그리고 부정(아니다, not)이 있으며 각각 기호로 ∧, ∨, ~와 같이 나타낸다. 스크래치에서 논리 연산자는 true나 false를 표현하는 블린 값을 갖는 피연산자들을 판단하여 그 결과를 다시 true나 false의 블린 형태로 반환한다. 따라서 논리 연산자도 조건문과 반복문에서 많이 이용된다.

여기서 잠깐 이들 연산자에 대하여 간단히 알아보자.

두 명제 p와 q가 모두 참일 때 합성명제 'p 그리고 q'가 참이 된다. 이때 합성명제 'p 그리고 q'를 p와 q의 논리곱(conjunction)이라고 하고, 기호 $p \wedge q$로 나타낸다. 두 명제 p와 q의 참과 거짓과 그에 대한 논리곱의 진리표는 다음과 같으며, T는 true, F는 false를 나타낸다.

p	q	$p \wedge q$
T	T	T
T	F	F
F	T	F
T	F	F

즉 논리곱은 둘 중에서 하나라도 거짓이면 전체가 거짓이다. 이를테면 0×0=0, 0×1=0, 1×0=0이고, 1×1=1이듯이 한쪽이라도 0이면 곱은 0이고, 모두 1일 때만 논리곱이다.

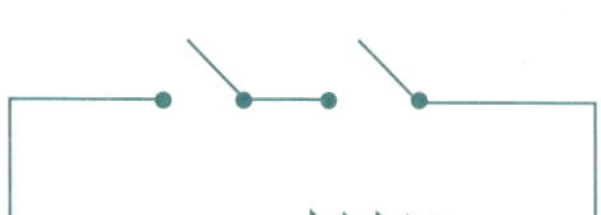

논리곱은 직렬연결된 회로와 같다. 즉, 두 스위치가 모두 연결되었을 때만 전기가 흐르는 것과 같이 모두 T일 때만 T이다.

두 명제 p와 q 중에서 적어도 하나가 참일 때 합성명제 'p 또는 q'는 참이 된다. 이때 합성명제 'p 또는 q'를 p와 q의 논리합(disjunction)이라고 하고, 기호 $p \vee q$로 나타낸다. 두 명제 p와 q의 참과 거짓과 그에 대한 논리합의 진리표는 다음과 같다.

p	q	$p \vee q$
T	T	T
T	F	T
F	T	T
T	F	F

즉 논리합은 어느 한쪽이 참이면 전체가 참이다. 이를테면 1+0=1, 0+1=1, 1+1=1이고, 0+0=0이다. 모두 0인 경우만 0이고 나머지 경우는 항상 1인다.

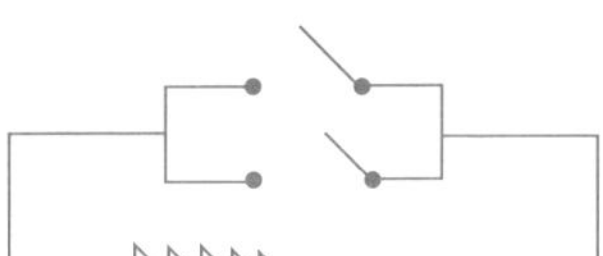

논리합은 병렬연결된 회로와 같다. 즉, 두 스위치 중에서 하나만 연결되면 전기가 흐르는 것과 같이 하나만 T이면 T이다.

일반 언어처럼 not은 주어진 명제의 진릿값을 반대로 만드는 역할을 한다. 명제 p에 not을 적용시키는 연산을 부정(negation)이라고 하고, 기호 $\sim p$로 나타낸다. 명제 p의 참과 거짓과 그에 대한 부정의 진리표는 다음과 같다.

p	$\sim p$
T	F
F	T

위의 논리 연산자에 대하여 간단히 예를 들어 보자. 두 명제 p와 q를

p : 2는 짝수이다.　q : 3은 4의 배수이다.

라 하면 p는 T이고, q는 F이다. 이 두 명제에 대하여

$p \wedge q$: 2는 짝수이고 3은 4의 배수이다.(F)

$p \vee q$: 2는 짝수이거나 3은 4의 배수이다.(T)

$\sim p$: 2는 짝수가 아니다.(F)

스크래치에서 사용할 수 있는 논리 연산자에는 다음과 같은 세 가지가 있다.

스크래치 연산자	의미
그리고	두 개의 피연산자가 필요하며, 둘 모두 true인 경우에만 true를 반환하고, 둘 중 하나라도 false인 경우는 false를 반환한다.
또는	두 개의 피연산자가 필요하며, 둘 중에서 하나라도 true인 경우에 true를 반환하고, 둘 모두 false인 경우에만 false를 반환한다.
가(이) 아니다	한 개의 피연산자가 필요하며, 그것이 true일 경우는 false를 반환하고, false인 경우는 true를 반환한다.

논리 연산자와 컴퓨터

논리곱(and) : '~그리고'로 연결된 조건 두 가지를 모두 만족하는 것

논리합(or) : '또는'으로 연결된 조건 중 하나만 만족해도 참이 되는 것

논리부정(not) : 전체 내용이 참이면 '거짓'이 되고 전체 내용이 '거짓'이면 '참'이 되는 것

이와 같은 기준으로 과정이나 결과에서 참 또는 거짓을 판단하는데, 컴퓨터는 2진수(0과 1)를 사용하므로 참은 1, 거짓은 0으로 표현한다.
단순해 보이는 이 세 가지를 통해 컴퓨터는 수많은 판단과 결정을 내리고 명령을 수행한다.

연산자	의미	수식	연산 대상		결과
			p	q	
and	논리곱	p and q	0	0	0
			0	1	0
			1	0	0
			1	1	1
or	논리합	p or q	0	0	0
			0	1	1
			1	0	1
			1	1	1
not	논리부정	~p	0		1
			1		0

★ 조건문

실생활에서 우리는 여러 가지 상황을 접하게 되는데, 그때마다 일정한 조건에 따라 행동하게 된다. 예를 들어 지금 가진 돈이 1만원이고, 수박을 사고 싶다고 하자. 이때 수박 가격이 1만원 이상이면 사지 않고, 미만이면 사려고 한다. 소프트웨어에서는 이러한 상황들을 조건(condition)이라고 한다.

프로그램에서 상황에 따라 원하는 내용을 실행시키고자 할 때 조건문을 사용한다. 그리고 우리는 이미 앞에서 의사코드를 설명하며 조건문에 대하여 알아보았다.

스크래치에서 사용 가능한 조건문은 다음과 같이 두 가지가 있다.

스크래치에서 조건문	의미
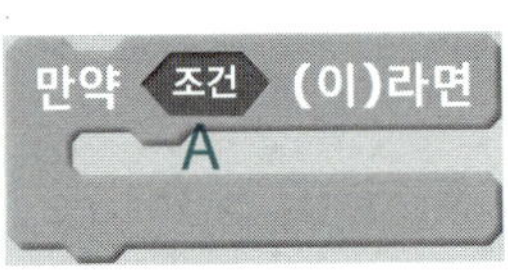	비교/논리 연산자의 결과인 블린 값이 true일 경우 A 구역을 실행하고, false일 경우에는 A 구역을 실행하지 않는다.
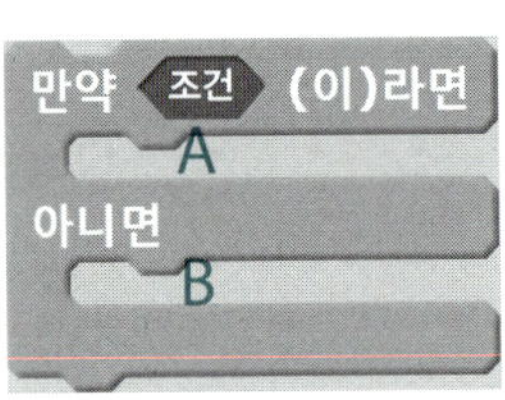	비교/논리 연산자의 결과인 블린 값이 true일 경우 A 구역을 실행하고, false일 경우에는 B 구역을 실행한다.

조건문은 다음 그림과 같이 조건영역과 실행영역으로 나누어진다.

컴퓨터는 프로그램에서 조건문을 만나게 되면 먼저 조건영역을 확인한다. 조건의 내용이 참인지 거짓인지를 판단한 후, 참이라고 판단할 경우에는 A 실행영역을 수행하고 거짓이라면 아무것도 실행하지 않거나 B 영역을 실행한다. 이를테면 앞에서 예로 든 수박을 사는 경우에 다음과 같이 조건영역과 실행영역을 나눌 수 있다.

조건영역	수박의 가격은 1만원 미만인가?
실행영역	1만원 미만인 경우 : 수박을 산다.
	1만원 미만이 아닌 경우 : 수박을 사지 않는다.

이것을 스크래치로 표현하면 다음과 같고, 클릭하면 고양이는 "수박을 사지 않는다!"고 말한다.

수박 사지 않기

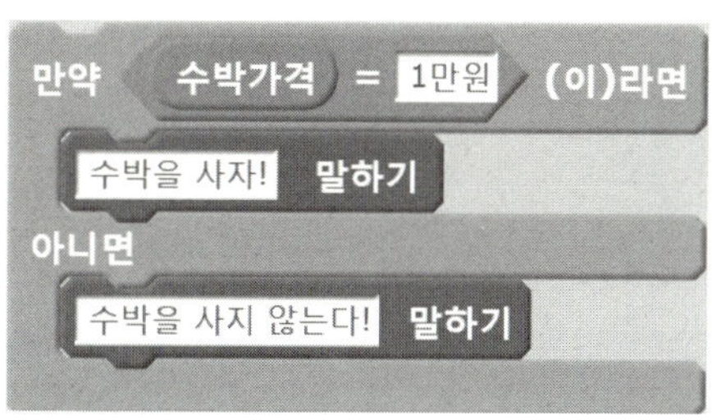

★ 반복문

반복문이 루프(loop)라는 것은 조건문과 함께 이미 앞에서 알아보았다. 반복문은 특정 조건이 만족되는 동안 실행 영역을 반복으로 수행하는 것이다. 반복문을 사용하는 것은 수행해야 할 작업들의 규칙적인 구조를 찾아서 이를 스크래치의 반복 블록으로 구현함으로써 프로그램의 효율성을 높이는데 목적이 있다.

스크래치에서 사용 가능한 반복문에는 다음과 같은 네 가지가 있다.

스크래치에서 반복문	의미
10 번 반복하기	실행영역의 블록들을 입력한 횟수인 10만큼 반복한다. 반복횟수는 얼마든지 변경할 수 있다.
무한 반복하기	실행영역의 블록들을 계속해서 반복한다.
까지 기다리기	조건이 만족될 때까지 기다린다.
까지 반복하기	실행영역의 블록들을 조건이 만족될 때까지 반복한다. 이때 조건을 만족하지 않으면 계속 실행된다.

10 번 반복하기 의 경우 실행영역에 입력한 수만큼 실행을 반복한다. 스크래치 내부적으로 실행영역의 블록을 수행할 때마다 반복횟수를 누적하고, 누적된 횟수가 입력숫자 미만일 경우 조건식을 참(true)으로 하여 계속해서 반복을 시도한다. 실행영역의 수행횟수가 입력한 수가 될 때, 조건식을 거짓(false)으로 하여 반복문을 종료하게 만든다.

예를 들어 20번 수행하게 반복문을 만들어 보자. 먼저 변수 만들기 에서 '수행횟수'를 만든 후에 각 단계에서 수행하는 횟수를 2초 동안 말하게 하는 스크립트를 다음과 같이 구성할 수 있다.

수행 횟수 말하기

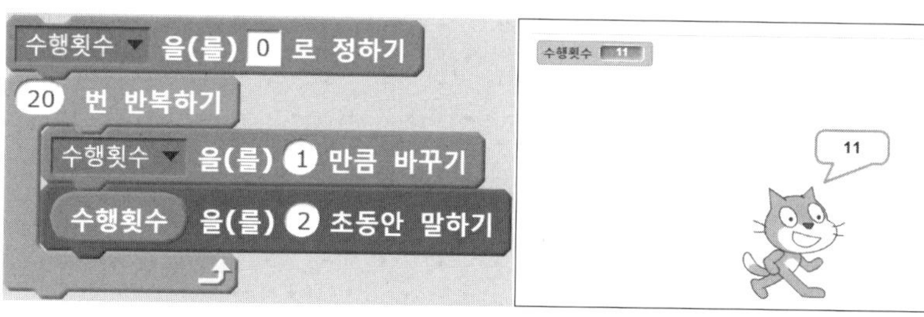

한편 까지 반복하기 을 이용하여 반복문을 구성할 수도 있다. 까지 반복하기 의 경우 조건식을 먼저 비교하여 조건이 거짓(false)이면 실행영역의 블록을 수행하고, 참(true)이면 반복문을 종료한다. 예를 들어 다음은 까지 반복하기 블록의 예이다.

수행 횟수 1초 동안 기다리기

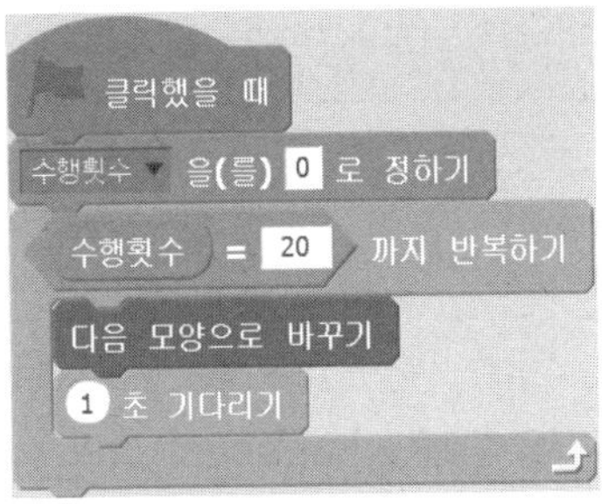

수행 횟수 반복하기

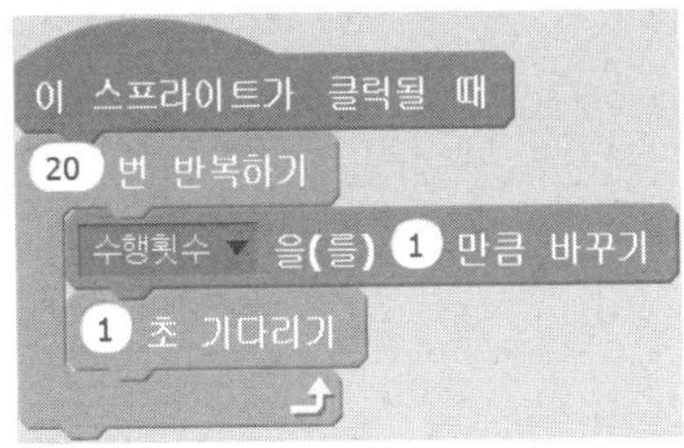

위 스크립트에서는 프로그램을 실행했을 때, 수행횟수 값을 0으로 초기화하고, 수행횟수가 20이 될 때까지 계속해서 고양이를 제자리걸음을 하도록 만들었다. 이때 고양이 스프라이트를 클릭하게 되면 수행횟수가 1초에 1씩 증가하게 되고, 수행횟수가 20이 되는 순간 고양이는 제자리걸음을 멈춘다. 한편 오른쪽 프로그램을 실행했을 때, 고양이는 움직이지 않고 마우스를 클릭하면 수행횟수가 20번 반복하여 실행된다.

★ 추가 블록 만들기

스크래치로 프로그램을 개발하다 보면 같은 블록 묶음을 여러 곳에서 중복하여 사용하는 경우가 자주 생긴다. 예를 들어 다음과 같이 '키보드의 화살표를 이용한 고양이 움직이기'를 살펴보자.

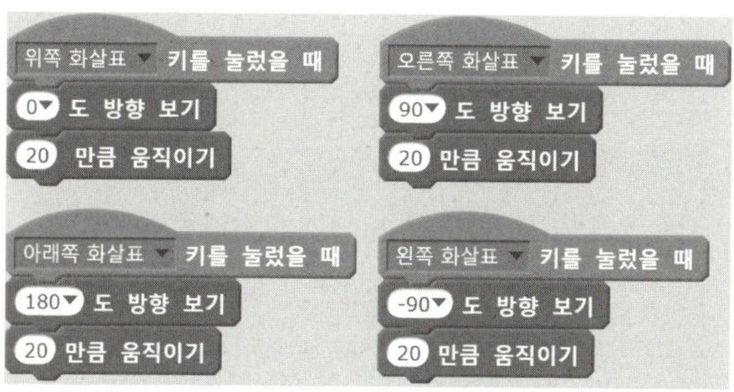

위에서 보듯 모두 공통적으로 [90 도 방향 보기]와 [20 만큼 움직이기] 블록을 중복하여 사용했다. 물론 이와 같이 스크립트를 구성해도 프로그램을 작동시키는 데 큰 문제는 없다. 하지만 [Hmm... 생각하기]라는 새로운 블록을 추가하거나, [15 만큼 움직이기]와 같이 움직임을 변화시키려면 블록 묶음을 사용한 네 곳 모두를 변경해야 하는 번거로움이 있다.

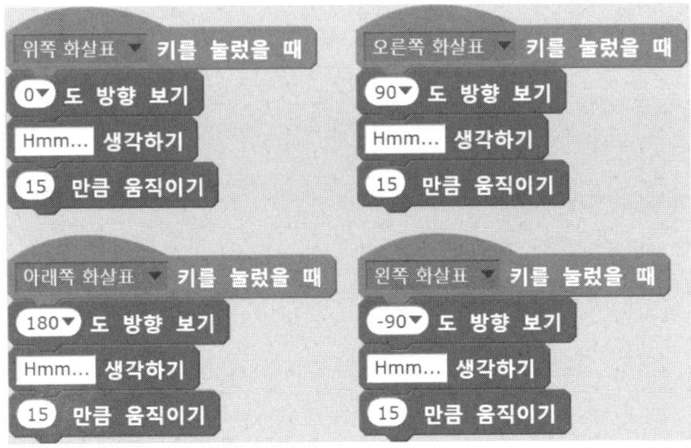

규모가 작은 프로그램이라면 일일이 해당 내용을 변경하면 된다. 하지만 규모가 큰 프로그램이라면 같은 블록 묶음이 여러 곳에 분산될 수 있기 때문에 일일이 변경하는 경우에 수정되지 않은 블록이 있을 수 있다. 스크래치에서 이런 번거로움을 간단히 처리하는 기능이 스크립트 탭에 있는 추가 블록이다. 추가 블록은 여러 블록을 하나의 기능 단위로 묶어 해당 기능을 필요로 하는 프로그램 여기저기에서 손쉽게 사용할 수 있도록 하는 기능이다.

앞의 예에서 90 도 방향 보기 와 20 만큼 움직이기 가 중복되는데, 이것은 입력한 방향을 바라본 후 20만큼 움직이는 것이다. 그래서 이 두 블록을 묶어서 한꺼번에 처리할 수 있는 추가블록을 만들어 보자. 두 블록을 묶어 새롭게 만드는 추가블록을 1 도 방향으로 가기 라 하자. 이 블록은 다음과 같은 차례로 만들 수 있다.

❶ **추가 블록** 의 블록 만들기 버튼을 누르면 아래 왼쪽 그림과 같은 작은 창이 나타난다.

❷ (선택사항)을 펼치면 위의 아래 그림과 같은 화면이 나타난다. 여기서 숫자 매개변수와 라벨을 활용하여 **① 도 방향으로 가기** 를 만든다.

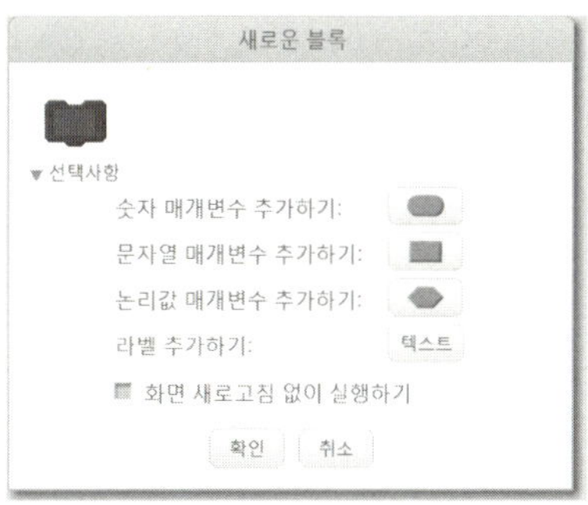

❸ ❷의 과정이 완료되면 스크립트 공간에 아래 왼쪽 그림과 같은 '정의하기' 블록이 만들어진다. 이때 필요한 블록들을 조합하여 **① 도 방향으로 가기** 를 정의한다. 이를테면 그림과 같이 정의한다.

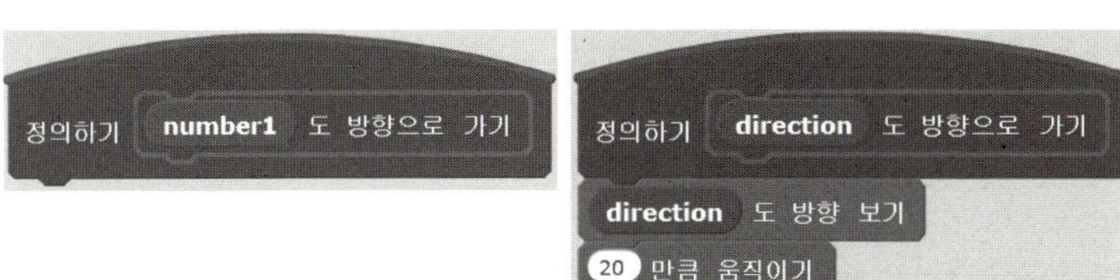

이를 활용하여 앞에서 들었던 고양이를 움직이는 스크립트는 다음과 같이 간단하고 새롭게 구성할 수 있다.

화살표로 움직이기

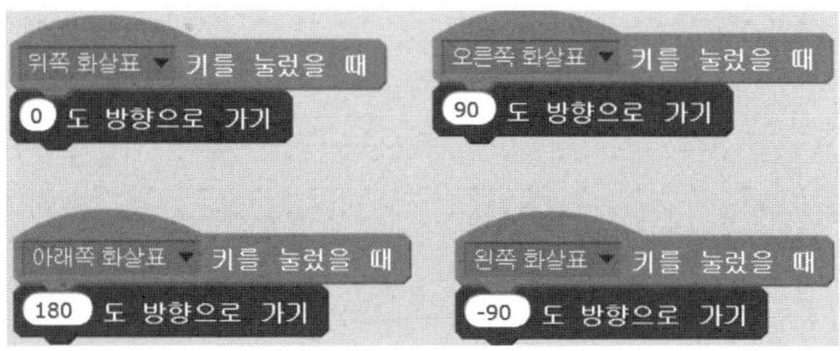

추가 블록 기능을 이용하여 n의 계승(factorial)인 $n!=n(n-1)(n-2)\cdots\times3\times2\times1$의 값을 구하는 프로그램을 만들어 보자. 우선 수학적으로 표현된 계승을 컴퓨터가 알 수 있는 형태로 표현을 바꾸어야 하는데, n을 1씩 감소시키며 곱하는 형태이므로 다음과 같이 표현할 수 있다.

$$f(n)=\begin{cases} 1, & n=1 \\ n\times f(n-1), & n>1 \end{cases}$$

$n=1$이면 $f(1)=1$,

$n=2$이면 $f(2)=2\times f(1)=2\times1$,

$n=3$이면 $f(3)=3\times f(2)=3\times2\times1$,

$\vdots$

따라서 계승은 만약 $n=1$이라면 1이라는 결과를 얻고, $n>1$이라면 $(n-1)!$에 n을 곱한 $n\times(n-1)!=n!$을 얻는다. 즉, 계승을 얻기 위해서는 조건문을 사용해야 함을 알 수 있다.

추가 블록 기능을 이용하여 팩토리얼 1 1 블록을 다음과 같이 정의하자.

팩토리얼 구하기

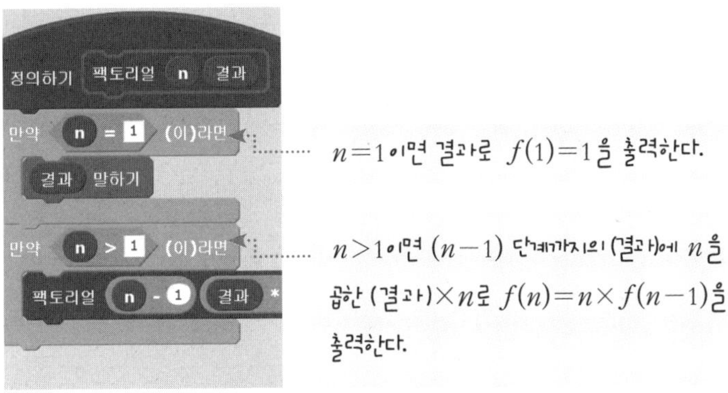

이제 추가블록 팩토리얼 1 1 을 이용하여 다음과 같이 계승을 계산하는 프로그램을 완성할 수 있다.

이 프로그램을 수행하면 다음 왼쪽 그림과 같이 고양이가 "몇 팩토리얼이 알고 싶나요?"라고 말한다. 이때 밑 부분에 원하는 수를 입력하면 팩토리얼을 얻을 수 있다. 이를테면 10을 입력하고 클릭하면 고양이가 10!인 3628800을 말한다. 이와 같이 스크립트를 만들고 저장한 후에 필요할 때마다 꺼내어 사용할 수 있다.

여기서 잠깐! 컴퓨터에게 어떤 일을 시켜서 정해진 결과를 얻을 수 있는 프로그래밍 방법은 매우 다양하다. 이를테면 팩토리얼을 구할 때, 다음과 같이 프로그램을 작성해도 같은 결과를 얻을 수 있다. 따라서 자신만의 프로그램을 생각하는 것이 중요하다.

팩토리얼 구하기 2

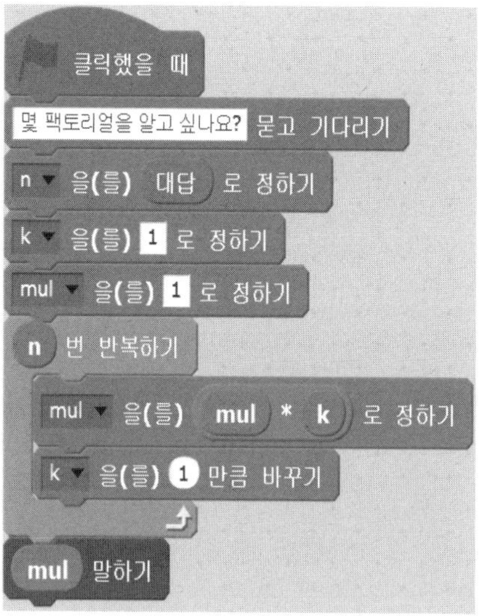

나도 프로그래머

합격·불합격

피보나치 수열 구하기

1부터 100까지 합 구하기

삼각형의 결정조건

다각형 그리기

지금까지 우리는 컴퓨터에게 일을 시키기 위하여 의사코드와 알고리즘 그리고 스크래치까지 간단하게나마 알아보았다. 이제 실제적인 몇 가지 예를 통하여 우리가 원하는 작업을 컴퓨터에게 시키기 위하여 알고리즘을 만들고, 완성된 알고리즘을 기반으로 스크립트를 구성해 보자. 그런데 여기에 제시된 예는 스크립트의 한 가지 방법이고, 또 다른 방법으로 스크립트를 작성할 수 있다.

★ 합격 · 불합격

코딩 자격시험 점수가 60점 이상이면 '합격', 60점 미만이면 '불합격'이라고 할 때, 이를 처리하는 프로그램을 만들어보자. 먼저 순서도는 다음과 같다.

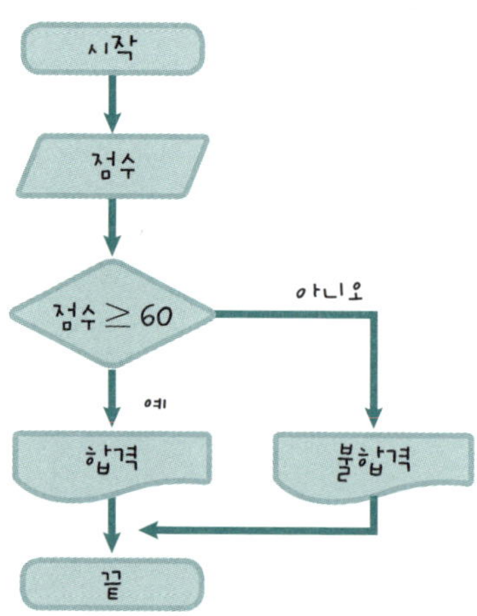

여기서 점수의 범위는 0부터 100점 사이이므로 0부터 100 사이의 난수(특정한 배열 순서나 규칙을 가지지 않는, 연속적인 임의의 수)를 발생시켜야 한다. 또 (점수)≥60은 '(점수)>60 또는 (점수)=60'이므로 작성된 알고리즘을 스크래치에 적용하여 프로그래밍하면 다음과 같다. 이때 점수 는 스크래치에 저장되어 있지 않은 새로운 변수이므로 데이터 에서 변수 만들기 를 이용하여 만든다. '난수'를 발생시키는 것이므로 클릭할 때마다 자동으로 0점부터 100점 사이의 임의의 점수로 바뀌며, 이 점수가 60점 이상이면 고양이는 "합격입니다."를 60점 미만이면 "불합격입니다."를 말한다.

합격 불합격 말하기

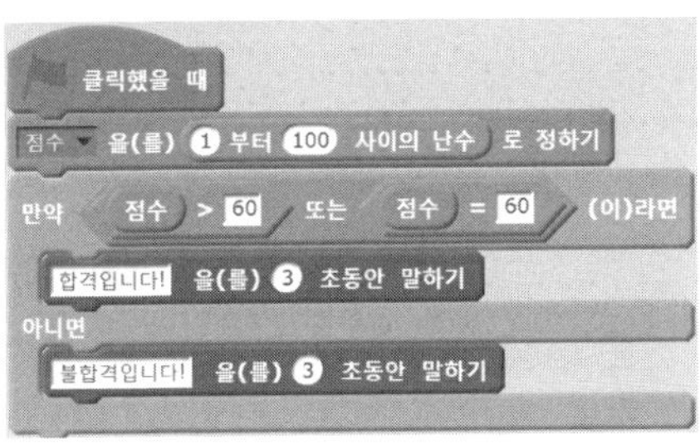

★ 피보나치수열 구하기

피보나치수열은 1(=F_0), 1, 2, 3, 5, 8, 13, 21 ... 등과 같이 앞의 두 개 항의 합이 다음 항이 되는 규칙이 있는 수열로 수학적으로 $F_{n+1}=F_n+F_{n-1}$로 표현할 수 있다. 피보나치수열을 자연어로 표현하면 '앞의 두 항의 합이 그다음 항이 되는 규칙성을 이용한다.'로 표현할 수 있다. 앞에서 우리는 피보나치수열의 첫 항부터 50항까지 구하는 의사코드는 다음과 같음을 이미 알아보았다. 이를 바탕으로 피보나치수열을 구하는 스크립트를 다음과 같이 구성할 수 있다.

피보나치 수열

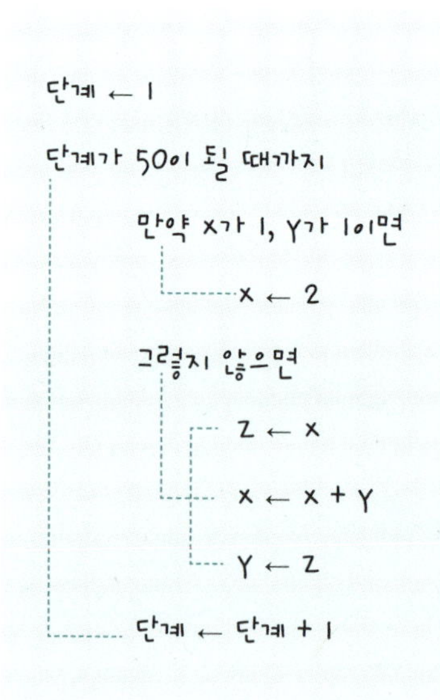

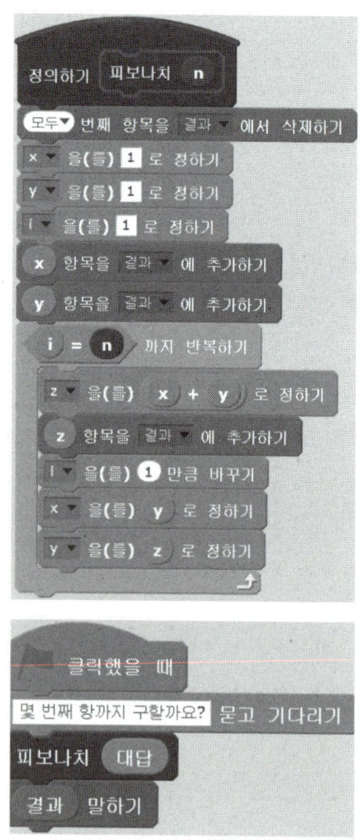

위의 스크립트의 작성 순서를 간단히 알아보자. 먼저 추가 블록 기능을 이용하여 피보나치 1 블록을 정의한다. 그리고 데이터 에서 변수 만들기 를 이용하여 변수 x, y, z, i를 만든다. 이때 x, y, z가 모두 피보나치수열의 항이므로 먼저 x와 y를 결과 에 추가한다. 그리고 피보나치수열의 정의인 '앞의 두 항의 합이 그다음 항이 되는 규칙성'을 실행하기 위하여 z를 $x+y$로 정하고 원하는 만큼 반복실행하면 된다. 이를테면 피보나치수열의 연속된 세 항이 x, y, z라면 $z=x+y$이다. 그다음 단계에서 y를 x로 정하고, z를 y로 정하면 바로 전 단계와 같은 x, y, z의 순서가 된다. 이때 한 단계가 지날 때마다 단계를 증가시켜야 하므로 i를 1만큼 바꾼다. 이와 같이 새로운 블록을 정의하여 스크립트를 작성한 후에 실행 스크립트를 더 작성하여 실행하면 "몇 번째 항까지 구할까요?"라고 묻는데, 10을 입력하면 고양이는 피보나치수열의 0항부터 10항까지 11개의 리스트를 다음과 같이 말한다.

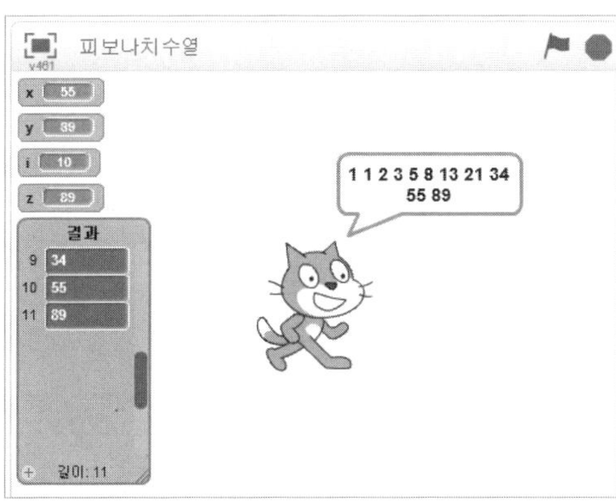

★ 1부터 100까지 합 구하기

앞에서 우리는 1부터 100까지 합을 구하는 순서도를 다음과 같이 작성하였다. 이 순서도를 스크립트로 **추가 블록** 기능을 이용하지 않는 경우와 하는 경우로 나누어 작성해 보자.

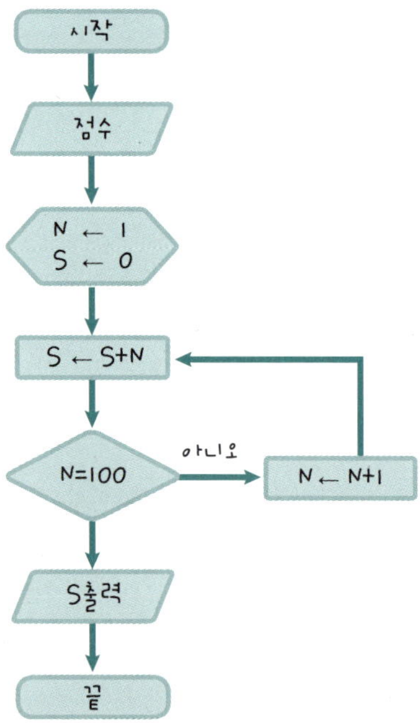

위의 순서도에서 N은 1부터 반복하여 1씩 증가하는 변수로 1부터 N까지의 합이기 때문에 하나씩 바뀌는 

블록을 사용해보자. 먼저 클릭했을 때 고양이가 "1부터 몇 까지 더할까요?"라고 묻게 하자. 이때 1부터 N까지의 합이기 때문에 하나씩 바뀌는 숫자를 이용한다. 이를테면 1번째 항은 1, 2번째 항은 2, 3번째 항은 3인데 각 항에 해당하는 수 1, 2, 3을 더해야 하기 때문에 항을 나타내는 변수 N과 항에 따라 변하는 변수 K가 필요하다. 즉, 변수 K가 1부터 N까지 반복하는 반복문이다. 새로운 변수 K는 위의 순서도에는 등장하지 않았던 것이다.

고양이가 몇까지 더할 것인지 묻는 질문에 대한 대답을 N으로 정했으므로 반복은 N까지 하고, K를 1부터 N까지 1씩 증가하게 반복문을 구성하면 다음과 같다.

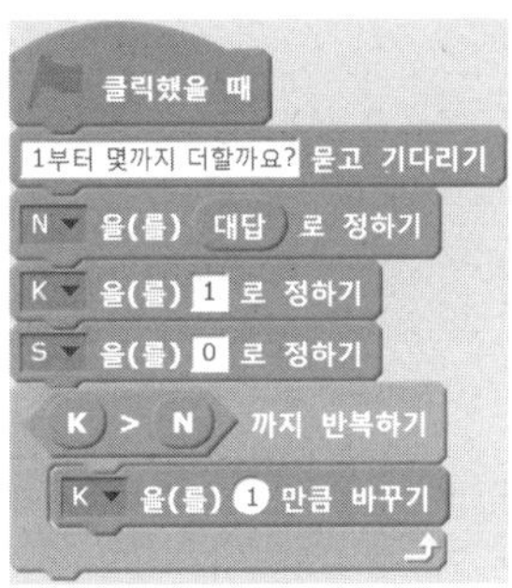

이제 위의 반복문의 블록에 반복되는 것을 구성하면 된다. 1부터 차례대로 더하는 것이므로 변수 S를 만들고, 이 변수 S에 1부터 N까지 1씩 증가하는 K 변수를 차곡차곡 더해 넣으면 된다. 즉 S에 S+K를 매번 할당해야 하므로 S←S+K이다. 물론 처음 S는 아무것도 더하지 않았으므로 0부터 시작한다. 이를 스크래치에서 스크립트로 표현하면 

가 된다.

마지막으로 고양이에게 결과를 말하게 하도록 구성한 스크립트는 아래 왼쪽과 같고, 클릭한 후에 100을 입력하면 고양이가 오른쪽과 같이 된다.

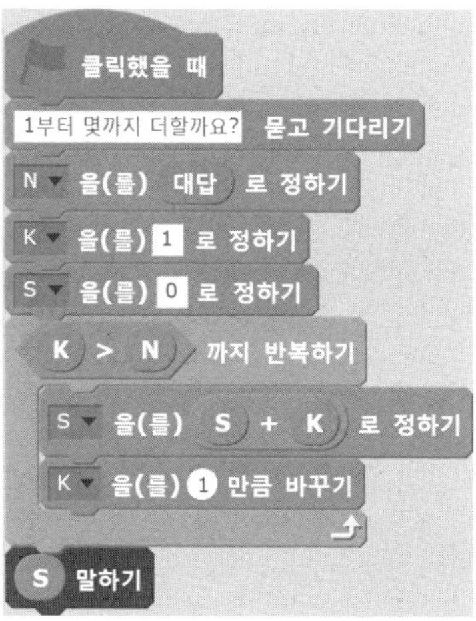

이번에는 **추가 블록** 기능을 이용하여 스크립트를 구성해 보자. **추가 블록** 에서 'S'와 매개변수 'N'을 지정한다. 위와 마찬가지로 S는 0에서 시작하고 K는 1로 정하며, K>N일 때까지 반복하게 한다. 이때 K는 1씩 증가하게 바꾸며, 그에 따라 S를 K만큼 바꾸도록 정의한다. 즉, K>N일 때까지 S←S+K와 K←K+1을 반복하면 왼쪽과 같다. 이때 추가블록을 실행하는 스크립트는 오른쪽과 같다.

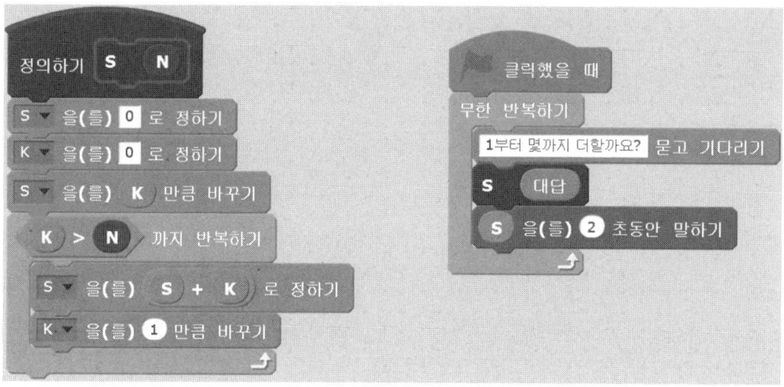

이 스크립트를 실행하면 고양이는 아래 왼쪽처럼 묻고, 수를 입력하면 오른쪽처럼 대답한다.

이와 같이 스크래치에서 주어진 문제를 해결하기 위한 스크립트는 다양하게 구성할 수 있다. 스크립트를 구성하는 것은 프로그래머의 생각과 취향에 따른 것이므로 어느 것이 더 좋은지 나쁜지를 평가하는 것은 옳지 않다.

★ 삼각형의 결정조건

우리가 주변에서 흔히 관찰할 수 있는 삼각형 모양은 모든 기하학에서 가장 기본이 되는 도형이다. 어떤 조건에서 삼각형이 될 수 있는지 없는지를 '삼각형의 결정조건'이라고 한다. 삼각형의 결정조건에서 가장 중요한 것은 '두 변의 길이의 합은 나머지 한 변의 길이보다 크다.'이다. 즉, 삼각형의 세 변의 길이를 a, b, c라 할 때,

• $a+b>c$: 두 변의 길이의 합이 나머지 한 변의 길이보다 크므로 삼각형이 될 수 있다.

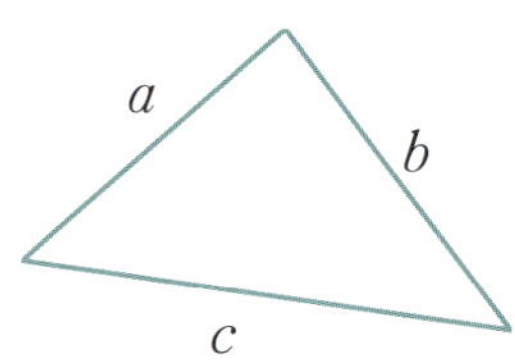

• $a+b<c$: 두 변의 길이의 합이 나머지 한 변의 길이보다 작으므로 삼각형이 될 수 없다.

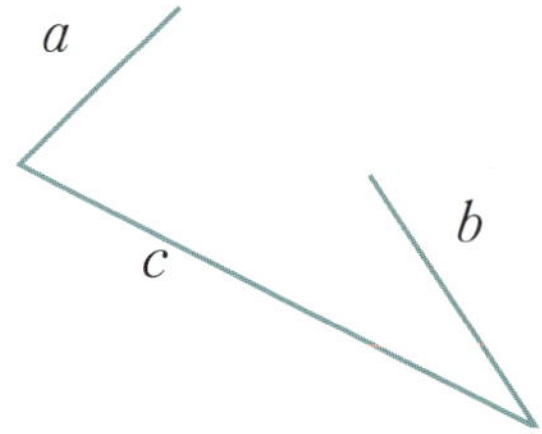

• $a+b=c$: 두 변의 길이의 합과 나머지 한 변의 길이가 같으므

로 삼각형이 될 수 없다.

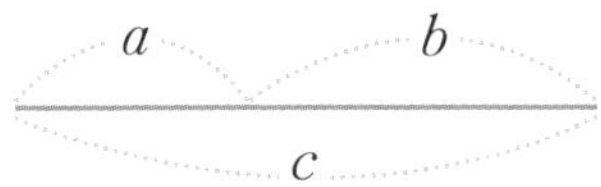

이제 스크래치를 이용하여 $a<b<c$인 세 변 a, b, c의 값에 따라 삼각형이 되는 조건을 찾아보자.

프로그래밍을 하기 전에 먼저 알고리즘을 구성해 보자.

우리는 세 수 2, 3, 4가 주어지면 어떤 수가 크고 작은지 금방 알 수 있지만 컴퓨터는 그렇지 않다. 그래서 컴퓨터에게 큰 수와 작은 수를 구별하도록 프로그래밍 해야 한다. 먼저 a와 b에 입력받은 수를 비교하는 순서도를 생각해 보자. 변수 a에 입력된 수가 변수 b에 입력된 수보다 작으면 문제가 없지만, 클 경우는 두 수를 바꿔줘야 처음 조건 $a<b$가 만족된다. 즉, 두 수를 비교하여 작은 수를 a로, 큰 수를 b로 바꿔줘야 한다. 또 c를 입력했을 때 b와 비교하여 만약 b가 c보다 크면 다시 한 번 바꿔줘야 한다. 여기서 두 수를 바꿀 때, 먼저 바꿀 수를 임시로 저장하는 변수가 필요하다. 따라서 세 변수 a, b, c에 어떤 수를 입력하여 작은 순서대로 되게 바꿔주는 순서도를 구성하면 다음에 나오는 순서도와 같다. 여기서 임시로 저장할 변수를 x라 하자.

이 순서도에 의하면 만약 세 수 3, 2, 4의 순서로 입력되었을 때, 3과 2를 비교하여 $3>2$이므로 우선 3을 x로, 2를 a로 배정한다. 다시 x를 b에 배정하면 a는 2, b는 3이 배정된다. 만약 2, 3, 4의 순서로 입력되었다면 바로 3과 4를 비교하면 된다.

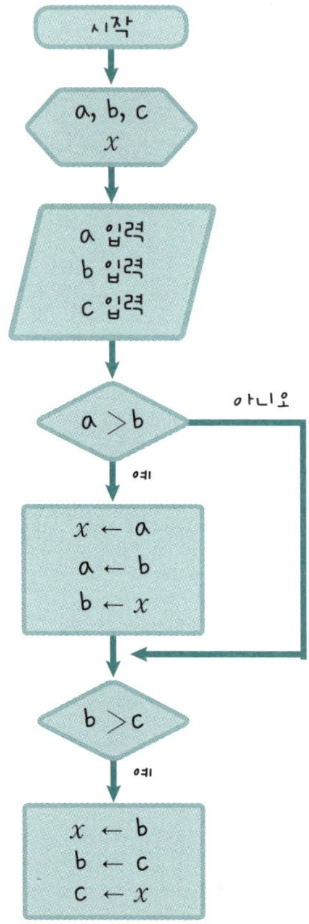

다음 쪽의 순서도를 살펴보자. 만약 4, 3, 2의 순서로 입력했다면 4와 3을 비교하여 a에 3, b에 4를 배정한다. 4와 2를 비교하여 b에 2, c에 4를 배정한다. 그러면 a는 3, b는 2, c는 4가 배정되었다. 그런데 a가 b보다 크므로 3과 2를 다시 한 번 교환해 준다.

여기까지 진행되었다면 어떤 순서로 세 수를 입력해도 a는 2, b는 3, c는 4로 배정된다. 마지막으로 $a+b$와 c의 크기를 비교하면 된다. 즉, $a+b>c$이면 삼각형의 결정조건을 만족하게 되고, 그렇지 않으면 삼각형의 결정조건을 만족하지 않는다.

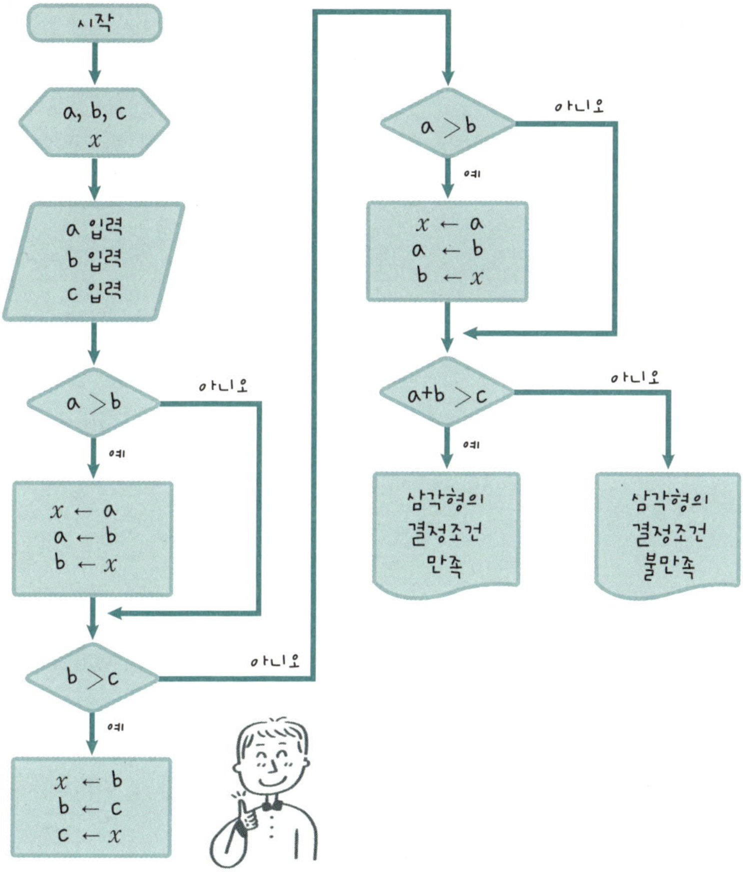

이제 위의 순서도를 참고하여 스크립트를 구성해 보자.

가장 먼저 변수 a, b, c, x를 생성하자. 이때 각 변수를 입력하고 확인해야 하므로 '묻고 기다리기' 블록과 '대답' 블록을 사용하여 각 변수에 값을 입력받아야 한다. 따라서 다음 왼쪽과 같은 스크립트를 구성한다.

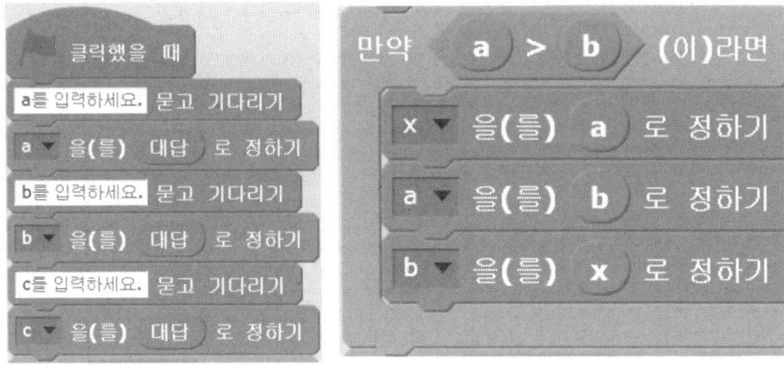

이제 알고리즘의 첫 단계인 a와 b를 비교해야 한다. 순서도에 의하면 $a>b$가 참이면 x를 a로, a를 b로, b를 x로 정하므로 위의 오른쪽 스크립트를 구성한다. 마찬가지로 순서도의 $b>c$인 경우와 $a>b$인 경우를 차례로 작성하여 붙이면 205쪽 왼쪽과 같은 스크립트를 구성할 수 있다.

순서도의 마지막에 있는 판단인 '$a+b>c$'이 참이면 '삼각형이 됩니다.'를 거짓이면 '삼각형이 될 수 없습니다.'를 고양이가 말하게 시키면 된다. 이 스크립트를 실행시키고 차례로 3, 5, 7을 입력하면 아래와 같이 고양이가 '삼각형이 됩니다.'고 말한다.

삼각형 결정 조건

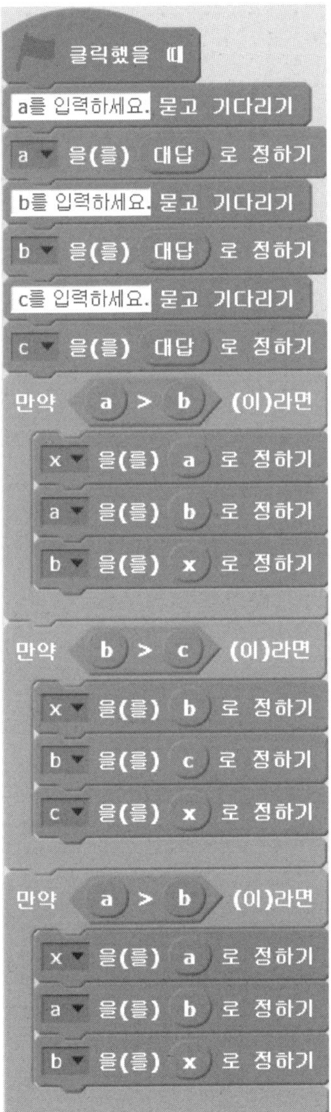
클릭했을 때
a를 입력하세요. 묻고 기다리기
a 을(를) 대답 로 정하기
b를 입력하세요. 묻고 기다리기
b 을(를) 대답 로 정하기
c를 입력하세요. 묻고 기다리기
c 을(를) 대답 로 정하기
만약 a > b (이)라면
x 을(를) a 로 정하기
a 을(를) b 로 정하기
b 을(를) x 로 정하기
만약 b > c (이)라면
x 을(를) b 로 정하기
b 을(를) c 로 정하기
c 을(를) x 로 정하기
만약 a > b (이)라면
x 을(를) a 로 정하기
a 을(를) b 로 정하기
b 을(를) x 로 정하기

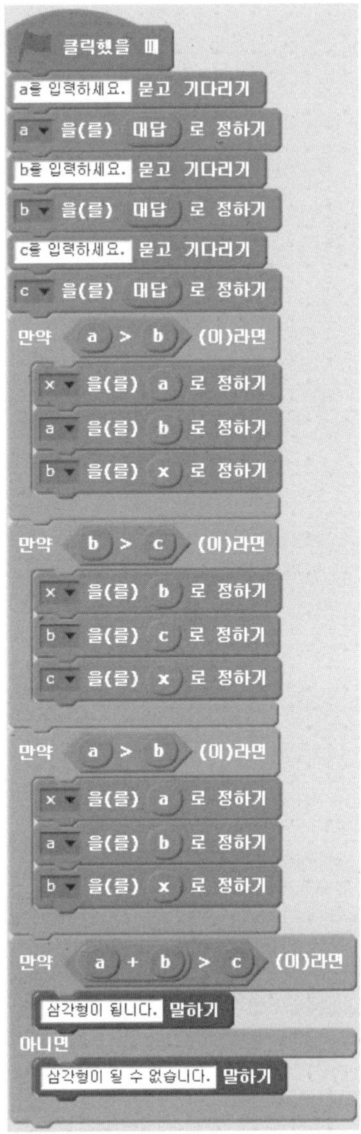
클릭했을 때
a를 입력하세요. 묻고 기다리기
a 을(를) 대답 로 정하기
b를 입력하세요. 묻고 기다리기
b 을(를) 대답 로 정하기
c를 입력하세요. 묻고 기다리기
c 을(를) 대답 로 정하기
만약 a > b (이)라면
x 을(를) a 로 정하기
a 을(를) b 로 정하기
b 을(를) x 로 정하기
만약 b > c (이)라면
x 을(를) b 로 정하기
b 을(를) c 로 정하기
c 을(를) x 로 정하기
만약 a > b (이)라면
x 을(를) a 로 정하기
a 을(를) b 로 정하기
b 을(를) x 로 정하기
만약 a + b > c (이)라면
삼각형이 됩니다. 말하기
아니면
삼각형이 될 수 없습니다. 말하기

★ 다각형 그리기

평면도형 중에서 변의 길이가 같은 도형을 정다각형이라고 한다. 스크래치로 정다각형을 그릴 때, 360°를 정다각형의 각의 수로 나누어 그린다. 우리가 연필로 종이 위에 정다각형을 그릴 때 한 변을 그리고 꼭짓점에서 연필을 돌려 다른 변을 그린다고 생각해 보자. 이때 우리가 정다각형의 밖에 서 있다고 가정해 보자. 그러면 정다각형의 내각의 크기만큼 연필을 회전하는 것이 아니라 외각의 크기만큼 회전하는 연필을 볼 것이다. 예를 들어 다음 그림과 같이 정삼각형을 그릴 때, 선분 BD 위의 점 C에서 연필을 회전시켜 변 CA를 긋는다고 생각해 보자. 변 AC는 선분 BD로부터 정삼각형의 내각의 크기인 60°가 아닌 외각의 크기인 120°를 회전해야 한다.

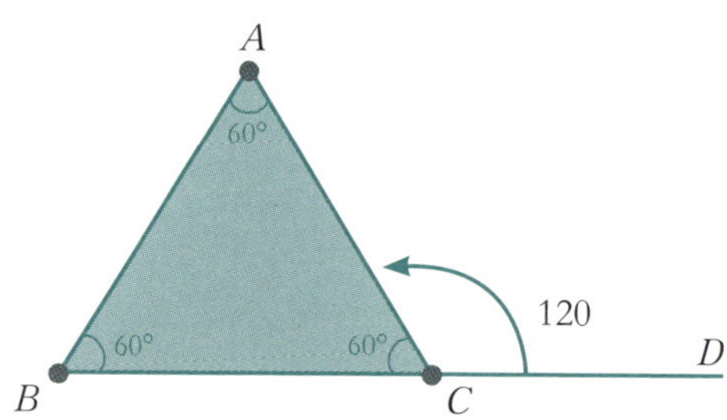

정다각형을 그리는 처음 위치를 좌표평면의 좌표 (−100, −50)으로 지정하고 펜을 이용하여 정다각형을 그리는 스크립트를 구성해보자. 이때 고양이 스프라이트는 사라지게 하고 새로운 스프라이트는 '펜'을

나타나게 해야 한다. 그러나 먼저 고양이가 '몇 각형을 그릴까요?(정 3~10각형)'라고 물으면 변수에 원하는 각형을 입력한다. 그러면 고양이는 사라지고 펜이 나타나 정다각형을 그리도록 해야 한다. 그래서 먼저 고양이를 나타나게 하고, 그것을 이어 받아 펜으로 그려야 하므로 

블록을 이용한다.

먼저 그리고 싶은 다각형을 묻고 N 변수를 대답으로 정해야 하므로 변수를 '그리기'와 'N' 변수를 생성하고 고양이가 나타나는 스크립트를 작성하면 아래 왼쪽과 같다.

새로운 스프라이트로 펜을 클릭하면 고양이 화면이 사라지고 새로운 스크립트 창이 뜬다. 이때 아래 오른쪽과 같이 스크립트를 구성한다.

정다각형 그리기

고양이 스프라이트를 클릭하여 스크립트를 실행하면 고양이는 "몇 각형을 그릴까요?"라고 묻는다. 그리려는 다각형의 수를 입력하고 클릭하면 펜이 나타나 다각형을 그려간다. 이를테면 7을 입력하고 클릭하면 다음 그림과 같이 정칠각형을 완성한다.

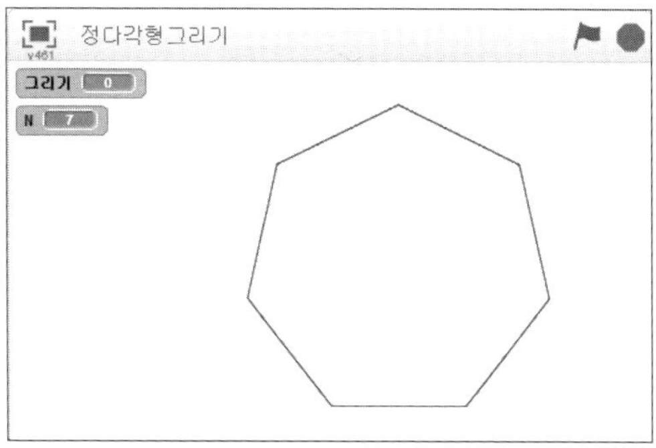

지금까지 소개한 스크립트는 누구나 쉽게 구성할 수 있는 것이다. 스크래치를 이용하여 보다 복잡하고 어려운 일을 시키기 위해서는 위와 같은 스크립트를 여러 개 작성하여 실행해야 한다.

인터넷으로 스크래치 홈페이지(https://scratch.mit.edu)에 접속하면 다양한 스크립트를 얻을 수 있다. 스크래치는 코딩을 위한 교육용 프로그램이기 때문에 스크래치를 잘 익히면 엔트리와 파이선 같은 다른 교육용 프로그램도 쉽게 이해할 수 있다. 나아가 각종 컴퓨터 프로그램도 쉽게 이해할 수 있다.

어떤가요? 지금까지 알아본 코딩이 어려웠나요?

너무 쉬워서 우습다고요? 이제까지 정말 웃기는 코딩이었어요!

참고문헌

❶ 김학성, 스크래치 알고리즘, 디지털북스, 2016.

❷ 문택주, 김미의, 정동임, 수학, 과학이 더 재미있어지는 엔트리코딩, 영진닷컴, 2017.

❸ 스크래치 홈페이지, https://scratch.mit.edu

❹ 아디트야 바르가바 저, 김도현 역, 그림으로 이해하는 알고리즘, 한빛미디어, 2017.

❺ 유원희, 이산수학, 경문사, 1992.

❻ 윤종찬, 윤소영, 박미라, 이도길, 스크래치 코딩으로 배우는 COS 정복하기, 다올미디어, 2017.

❼ 조성래, 이민정, 강은지, 이형수, 컴퓨팅 사고와 문제 해결, 생능출판, 2016.

❽ 채성수, 오동환, 컴퓨팅 사고력, 현북스, 2017.

❾ 한국공학기술연구원, 스크래치 알고리즘 이해와 창의개발 프로그래밍, YBM NET, 2017.

❿ 허경용, C포자를 위한 본격 C 언어, 제이펍, 2017.